国家物流与供应链系列报告

中国物流行业 ESG 发展报告

中国物流与采购联合会绿色物流分会

物资节能中心

中国财富出版社有限公司

图书在版编目（CIP）数据

中国物流行业 ESG 发展报告／中国物流与采购联合会绿色物流分会，物资节能中心编 . —北京：中国财富出版社有限公司，2023.12

（国家物流与供应链系列报告）

ISBN 978 – 7 – 5047 – 8078 – 2

Ⅰ . ①中… Ⅱ . ①中…②物… Ⅲ . ①物流－经济发展－研究报告－中国 Ⅳ . ①F259. 22

中国国家版本馆 CIP 数据核字（2024）第 026502 号

策划编辑	郑欣怡	**责任编辑**	刘静雯	**版权编辑**	李　洋
责任印制	尚立业	**责任校对**	张莹莹	**责任发行**	敬　东

出版发行	中国财富出版社有限公司			
社　　址	北京市丰台区南四环西路 188 号 5 区 20 楼		**邮政编码**	100070
电　　话	010 - 52227588 转 2098（发行部）		010 - 52227588 转 321（总编室）	
	010 - 52227566（24 小时读者服务）		010 - 52227588 转 305（质检部）	
网　　址	http：//www.cfpress.com.cn	**排　版**	宝蕾元	
经　　销	新华书店	**印　刷**	北京九州迅驰传媒文化有限公司	
书　　号	ISBN 978 - 7 - 5047 - 8078 - 2/F · 3713			
开　　本	787mm×1092mm　1/16	**版　次**	2024 年 8 月第 1 版	
印　　张	7.5	**印　次**	2024 年 8 月第 1 次印刷	
字　　数	115 千字	**定　价**	88.00 元	

《中国物流行业 ESG 发展报告》
编　委　会

编委会主任

　　任豪祥　中国物流与采购联合会副会长/中国物流学会会长

编委会副主任

　　蒋　浩　中国物流与采购联合会绿色物流分会执行副会长

　　刘　庆　妙盈科技 ESG 业务副总裁

指导专家

　　刘晓红　中央财经大学教授

　　郝　皓　上海市逆向物流与供应链协同创新中心主任/上海第二工业
　　　　　　大学教授

　　侯海云　鞍山钢铁集团有限公司副总工程师

《中国物流行业 ESG 发展报告》
编 辑 部

主编

    刘　然　中国物流与采购联合会绿色物流分会秘书长/物资节能中心副主任

    刘　哲　中国物流与采购联合会绿色物流分会评估与策划部主任/物资节能中心绿色发展部副主任

副主编

    赵洁玉　中国物流与采购联合会绿色物流分会副秘书长/物资节能中心绿色发展部主任

    崔丹丹　中国物流与采购联合会绿色物流分会综合会员部主任/物资节能中心项目主管

    曹惠蕾　中国物流与采购联合会绿色物流分会国际合作部主任/物资节能中心

    黄乔龙　妙盈科技 ESG 数据总监

编写人员

    武宇亮、张庆环、王旭明　中国物流与采购联合会绿色物流分会/物资节能中心

    代卫星　南方电网供应链集团有限公司

    张雨玮、龙昊、周祖尧、许璠苃　妙盈科技

参编单位

    中国物流与采购联合会绿色物流分会

    物资节能中心

中国外运股份有限公司

宝供物流企业集团有限公司

日日顺供应链科技股份有限公司

联想集团

隆基绿能科技股份有限公司

京东物流股份有限公司

顺丰控股股份有限公司

普洛斯企业发展（上海）有限公司

荣庆物流供应链有限公司

江苏苏宁物流有限公司

浙江吉利远程新能源商用车集团有限公司

技术支持单位

妙盈科技

前　言

在全球经济一体化的大背景下，物流行业作为经济的血脉、连接着生产与消费的纽带，其重要性不言而喻。从减少运输过程中的碳排放到优化仓库管理以降低能源消耗，从提高包装材料的可回收性到推动供应链上下游的绿色采购，可持续发展的实践在物流行业的每一个环节都显得至关重要。它关系企业的长期竞争力和市场声誉，是应对全球气候变化挑战、履行社会责任的实际行动。随着全球环境问题的加剧和社会责任意识的觉醒，物流行业的可持续发展已成为一个迫切需要解决的问题。环境（Environmental）、社会（Social）和治理（Governance）——ESG，作为衡量企业可持续发展的重要参照系，正逐渐成为全球的共识和行动的指南。面对这一趋势，我们编写了《中国物流行业 ESG 发展报告》一书，旨在提供一个全面的视角，评估物流行业在环境、社会和治理方面的表现，并探索其在可持续发展道路上的机遇与挑战。

在 ESG 发展背景方面，我们探讨了 ESG 的基本概念及发展历程，深入分析了 ESG 生态圈的构成，剖析了全球主要的 ESG 政策及标准框架，揭示了监管机构、行业组织、客户、供应商、投资者以及专业服务机构等多方利益相关者如何共同作用，推动物流行业的 ESG 实践，并帮助建立对 ESG 政策标准的全面理解。在 ESG 发展需求方面，我们分析了物流行业开展 ESG 相关工作的需求和驱动力，如政府的监管政策要求、投资者和客户的要求，以及企业自身的可持续发展诉求。在 ESG 发展现状方面，我们结合物流行业的经营模式和行业特性，全面审视物流行业的 ESG 发展现状，揭示了行业在环境管理、社会责任和公司治理方面的优势与不足，并分析了当前面临的技术挑战、资金限制和意识缺乏等问题。在 ESG 发展保障体系方面，我们对构建一个全面的 ESG 发展保障体系提出了自己的建议，旨在为物流行业的 ESG 实践提供坚实的支撑，包括监管政策的制定和执行、ESG

评级体系的发展和完善、投融资领域对 ESG 要素的逐步纳入等，都是这一体系的重要组成部分。在企业 ESG 实践方面，我们挑选了物流行业中，在企业规模、ESG 管理水平等方面最具代表性的企业，深入分析了它们的 ESG 实践方式，展示了这些企业如何在各自的领域内推动可持续发展，实现环境保护、社会责任和良好治理的有机结合。这些案例不仅为同行业的其他企业提供了宝贵的经验和启示，也彰显了 ESG 在促进物流行业可持续发展中的重要作用。

通过本报告，我们希望能够为物流行业的决策者、从业者以及所有利益相关者提供实用的指导。我们坚信，通过深入理解和积极实践 ESG 理念，物流行业不仅能够应对当前的挑战，更能抓住未来的机遇，实现绿色、和谐、繁荣的可持续发展目标，在全球化的大潮中，携手共进，以 ESG 为航标，驶向更加美好的未来。

编者

2024 年 5 月

目 录

第一章　物流行业 ESG 发展背景

近年来，全球环境问题日益严峻，应对气候变化和绿色发展已成为全球共识，可持续发展引发世界各国的关注与重视。随着世界各国碳目标的提出，ESG 逐渐成为热点话题，受到国际组织、监管者、投资者、消费者以及各种利益相关者的高度重视。现代物流一头连着生产，另一头连着消费，高度集成并融合运输、仓储、分拨、配送、信息等服务功能，是延伸产业链、提升价值链、打造供应链的重要支撑，在构建现代流通体系、促进形成强大国内市场、推动高质量发展、建设现代化经济体系中发挥着先导性、基础性、战略性作用。ESG 理念已通过供应链的传导渗透到物流企业，作为重要职责加入企业的战略规划中。物流企业纷纷设定碳目标、减少排放、节约资源及循环利用，并呼吁消费者采用绿色消费等方案，积极践行 ESG 理念。

第一节　ESG 基本概念及发展历程

一、基本概念

ESG 是环境（Environmental）、社会（Social）和治理（Governance）的缩写。环境（Environmental）因素考虑了企业对自然环境的影响，包括气候变化、能源利用、水资源管理、废物处理和污染物排放等。社会（Social）因素关注企业对社会的影响，如对员工、供应商、客户、社区和其他利益相关者的关注。这包括劳工权益、人权、多样性和包容性、社区发展、产品安全和质量等。治理（Governance）因素涉及企业的决策结构、管理体系和公司治理实践。这包括董事会的组成和独立性、薪酬和激励机制、内部控制和风险管理、透明度和信息披露等。

当前，ESG 越来越多地被应用到企业管理与投资分析中。从企业端来看，企业为了实现长期经营的目的，将 ESG 要素作为关键要素融入长期商业战略，采取措施来提升环境管理、激发员工潜能、实践社会责任等。从金融机构的角度来看，ESG 为金融分析提供了新的视角，帮助投资者和其他金融市场参与者分析企业的经营表现，发现新的投资机会以及控制风险。与传统金融分析重在关注财务效益不同，以 ESG 为核心的投资方式要求投资者不仅需要关注财务效益，还需要综合考虑投资标的的社会和环境责任。

二、发展历程

早在 18 世纪，美国就已存在与 ESG 相关的理念，当时被称为"伦理投资"。当时的宗教团体拒绝向涉及贩卖劳动力、烟草贸易、制造武器以及走私等行业投资。在这种价值观的影响下，产生了"负面筛选"名单，也催生了早期的社会责任投资。

20 世纪 60 年代，越南战争、南非种族隔离制度、环境污染等事件推动了反战主义、人权运动和环保运动，部分投资人希望通过改变投资行为来表达对积极社会价值取向的诉求。南非种族隔离是社会责任投资理念发展的重要推动力，投资者因南非种族隔离制度而决定撤资，该撤资行为最终导致南非种族隔离制度的结束，运动的成果被看作负责任投资的初步胜利。

1992 年，联合国通过了《联合国气候变化框架公约》，其最终目标是将大气中温室气体的浓度稳定在防止气候系统受到危险的人为干扰的水平上。为了评估气候变化的进程，该公约缔约方于 1995 年起每年召开缔约方会议，即 COP（Conference of the Parties）。在 1997 年，COP 3 上通过了著名的《京都议定书》，并于 2005 年正式生效，设定了具有约束力的减排目标，缔约方同意在 2008—2012 年，实现在 1990 年排放水平上至少减排 5% 的目标。1994 年，John Elkington（约翰·埃尔金顿）提出了"三重底线"（Triple bottom line）的概念"三重底线"理论强调企业应同时考虑利润（profit）、人（people）和地球（planet）三个维度。他认为盈利最大化不是企业长期发展的唯一要素，还需要统一社会责任和环境责任。"三重底线"概念的出现进一步催生当代 ESG 理念的发展。

进入 21 世纪，联合国全球契约组织（United Nations Global Compact）于 2000 年成立，并在 2004 年发布的题为"Who Cares Wins"的报告中首次提及 ESG，呼吁金融机构将 ESG 理念融入资产管理、证券经纪服务和相关的研究流程中，并希望提升金融市场各方参与者对 ESG 的关注度。2006 年，联合国发布了负责任投资原则（Principles for Responsible Investment），签署方需贯彻执行负责任投资六项原则，认识 ESG 问题对投资的影响，并支持签署方将 ESG 要素纳入投资和所有权决策。2015 年，联合国 193 个成员国在联合国可持续发展峰会上正式通过的《2030 年可持续发展议程》中提出了 17 个可持续发展目标（Sustainable Development Goals），同时取代了 2000 年提出的联合国千年发展目标。同年，COP 21 上通过了具有法律约束力的《巴黎协定》，长期目标是将全球平均气温较前工业化时期上升幅度控制在 2℃ 以内，并努力将温度上升幅度限制在 1.5℃ 以内。2019 年底，欧盟委员会推出了《欧洲绿色新政》，设定了欧洲到 2050 年成为首个"气候中和"大陆的目标。除了设定减排目标，《欧洲绿色新政》还明确了实现目标的政策路径、资金渠道和保障措施。

第二节　ESG 生态圈构成

ESG 生态圈可以从参与方和关键要素两个层面看其构成。参与方也即利益相关方，根据全球报告倡议组织（Global Reporting Initiative，GRI）的定义，为"可合理预期将受到报告组织的活动、产品和服务严重影响，或者其行为可合理预期将影响该组织成功实施其战略和实现目标的能力的实体或个人",即任何可能受当前组织影响的实体或个人,都可以称之为这个组织的利益相关方。利益相关方的维度非常广,一般主要包括监管机构、制定规范的行业组织、客户、供应商、投资者、ESG 专业服务机构以及企业自身。而支持 ESG 生态圈发展的关键要素可以大致分为三大类:指引、人才和资本。指引为人才和资本提供大方向,人才为指引和资本提供知识支撑,资本为指引和人才提供资金保障。三个要素协同作用,共同促进 ESG 生态圈发展。ESG 生态圈发展图如图 1-1 所示。

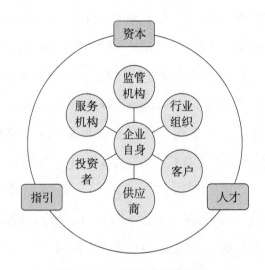

图 1-1　ESG 生态圈发展图

一、利益相关方

1. 监管机构

监管机构对 ESG 生态圈起到最低保障作用。监管机构对 ESG 行为规范提出要求,以指导和规范企业和投资者在可持续发展方面的行为,并监督市场参与者在 ESG 方面的合规性,对违反 ESG 规定的企业进行调查、处罚和制裁,为可持续发展提供公平和透明的环境。另外,监管机构通过强制性的披露要求,促使企业提高 ESG 信息的透明度,让投资者和其他利益相关方可以更好地了解企业的可持续发展表现。

2. 制定规范的行业组织

制定规范的行业组织在 ESG 生态圈中最主要的职责是通过制定全球性的标准、框架和指南，为 ESG 生态圈的参与者提供指导和参考，在广泛的研究和合作中，整合各方的意见和最佳实践，制定出具有权威性和公信力的 ESG 规范。同时，国际组织为各国和各利益相关方提供一个合作和交流的平台，在组织会议、研讨会、培训课程等活动过程中，促进各方之间的经验分享、合作项目和共同研究。另外，制定规范的行业组织与政府和监管机构合作，为政策制定者提供建议和技术支持，推动 ESG 相关的政策和法规的制定和实施。

3. 客户

客户在制定采购政策和审核资质阶段时，将上游是否符合 ESG 要求纳入考量范围，并对上游和其提供的产品资质进行审核。企业为了满足客户对可持续发展的要求，调整经营方式来满足 ESG 标准。同时，随着终端消费者对环境和社会可持续发展关注度的提升，良好的 ESG 管理能力和可持续发展的品牌形象对增强企业竞争力具有重要作用。

4. 供应商

供应商对企业的可持续发展能力起到制约和促进作用。一方面，较低的供应链 ESG 水平不利于企业可持续发展目标的实现，会增加供应链风险，对企业的声誉造成不利影响；另一方面，供应商积极采取可持续发展战略、自主披露碳排放等 ESG 绩效时，提高了产业链的 ESG 信息透明度，可以帮助企业分析产业链的 ESG 情况并调整商业战略。

5. 投资者

一方面，投资者将 ESG 分析整合到投资决策的过程中，利用 ESG 数据，筛选出具有良好 ESG 表现的公司、行业或资产类别来构建投资组合，或者通过投资 ESG 主题基金或影响力基金，为行业和项目直接提供资金支持。另一方面，投资者奉行股东积极主义，与所持有股份的公司进行对话，促使其在 ESG 方面采取行动和进行改进，或者参与股东提案，要求公司披露更多 ESG 信息、改善 ESG 绩效和加强公司治理等。还可以行使股东投票权，支持与

ESG 相关的决议或者反对违背可持续发展的决议。

6. ESG 专业服务机构

ESG 实践需要跨领域合作和科技创新，ESG 专业服务机构为推动 ESG 发展提供知识保障。对企业来说，ESG 专业服务机构提供 ESG 咨询服务，帮助企业制定战略、评估绩效、提供措施建议以及建立报告框架等，帮助企业应对挑战和把握机遇。对投资者来说，专业服务机构利用技术优势和数据分析能力，提供量化和可视化的 ESG 数据工具和平台，通过整合的 ESG 数据、指标以及评级帮助投资者理解和评估投资标的可持续发展表现。对供应链来说，ESG 专业服务机构提供 ESG 认证服务，对企业的可持续发展绩效进行独立评估并给予相应的认证，有利于增加产业链 ESG 表现的可信度和可持续认可度。

7. 企业自身

企业自身也是 ESG 生态圈的重要参与者、受益者和推动者。对员工来说，ESG 挑战与自身利益息息相关，他们希望在一个提供公平就业机会和职业发展前景的企业工作，并获得良好的工作满意度。同时，员工也是企业 ESG 实践的推动者和参与者，他们向管理层和董事会反馈内部存在的 ESG 问题，支持和参与可持续行动。高级管理层在战略层面将 ESG 考虑因素纳入企业规划和决策过程，要确保 ESG 战略与核心业务目标一致；在执行层面，他们在各个方面整合 ESG 因素，制定政策、措施管理和减少负面影响，并监测和报告 ESG 绩效。董事会作为公司全体股东的代表，要确保 ESG 策略与长期战略目标一致，并建立 ESG 风险管理机制，监督政策执行情况，确保遵守相关法规和标准。他们还与利益相关方进行沟通，了解期望和关注点，回应问题并进行反馈，以建立信任和合作关系。

二、关键要素

1. 指引

监管要求是 ESG 生态圈的基本准则，披露框架为 ESG 发展指明方向。

监管规则是整个 ESG 生态圈最基本的行为准则，约束生态圈参与者的行为，为 ESG 发展创造良好的环境。同时，监管规则具有惩治和强制执行的机制，对不满足最低要求的行为进行惩罚，保障生态圈参与者的基本权益。

ESG 作为一种多元理念，各方对此解读不一，因此披露框架对统合 ESG 生态圈参与者的认知和行为具有重要意义。虽然框架一般不具有约束力，但为 ESG 生态圈的参与者提供了方向和理论指导，帮助各方根据自身性质理解可持续发展的重要性。

2. 人才

科技为 ESG 生态圈发展提供工具，教育为 ESG 生态圈知识传播提供途径。ESG 是一个跨学科和跨区域的概念，传统的模型和工具不能满足社会对应用 ESG 理念的需求。从应对气候相关的环境问题，到贫困和资源公平的社会难题，再到企业透明化管理的公司治理挑战，都需要打破传统思维，以前沿的科学研究为理论支持，通过使用大数据为基础的信息共享平台，提出创新解决方案。

一方面，通过对特定人群的指导和培训，教育可以培养具有 ESG 理念和专业知识的从业人员；另一方面，教育也在实践中发生，产生知识外溢效应，对信息接收方产生无形的促进作用。比如国际框架组织在征集 ESG 信息披露和使用意见时，参与方通过衡量自身 ESG 实践情况，给予反馈，对参与方的 ESG 实践起到了教育和促进改进的作用。

3. 资本

资本趋利避害的特性为 ESG 生态圈提供资金保障和促进资源再分配。资本具有趋利的特性，虽然 ESG 处于发展初期且存在较大未知数，但由于各行业对可持续发展的强烈需求和巨大潜力，资本愿意在可承担风险的基础上，支持可持续发展行业以及企业 ESG 管理水平的提升。

发展 ESG 对促进企业的财务表现和风险控制以及经济社会的可持续发展有积极作用。在市场机制的作用下，一方面资本流向未来发展韧性更强的个体和行业，另一方面资本从 ESG 管理水平低的个体和可持续发展落后的行业流出，起到资源再分配的作用。

第三节 全球 ESG 政策及框架

一、国际 ESG 政策及框架

全球 ESG 政策发展呈现起步早的态势，多个国家和国际机构早在数年前就开始制定和实施相关政策和准则，推动企业在环境、社会和治理领域的可持续性表现，并为投资者提供更全面的可持续投资选择。随着时间的推移，这些政策不断演进和加强，成为全球可持续发展的重要驱动力。目前，已有多个国际组织发布了 ESG 信息披露框架及标准。

1. GRI

GRI（Global Reporting Initiative，全球报告倡议组织）成立于 1997 年，是由美国非政府组织环境责任经济联盟（CERES）和联合国环境规划署（UNEP）共同发起。2016 年，GRI 标准发布，并于 2018 年全面取代之前的 GRI 指南。2021 年，GRI 自 2016 年以来首次对其通用标准进行实质性更新。GRI 发布的可持续发展报告指引是中国上市公司使用率较高的信息披露标准，部分公司结合使用多种信息披露标准。据统计，2023 年中国上市公司发布的 ESG 报告中有 67% 都参考了 GRI 标准。GRI 为可持续发展报告提供了广泛认可的框架标准。GRI 标准是一套为可持续发展报告提供框架的指南，共分为三个主要部分。

（1）通用标准：通用标准为所有 GRI 报告奠定了基础。它们涵盖治理、战略和管理方法等主题。

（2）行业标准：行业标准为农业、制造业和金融服务等特定行业的组织提供了额外的指导。

（3）主题标准：主题标准提供有关气候变化、人权和腐败等特定主题的详细指导。

GRI 提供了可持续发展报告的标准化方法。此外，鉴于 GRI 的透明性，它还增强了责任感并与利益相关者建立了信任，并且有助于减轻公司对环境、社会和业务运营的潜在负面影响。

2. CDP

CDP（Carbon Disclosure Project，碳披露项目），是一个在全球范围内运作的非营利性组织，创立于 2000 年，总部位于英国。其主要任务是通过运行全球性的披露系统，收集和发布企业及城市的环境信息，包括碳排放、气候变化应对措施等，从而帮助投资者、公司、国家、地区和城市更好地理解并管理他们对环境的影响。目前，CDP 的调查问卷分为三大类别：气候变化、水资源安全和森林保护，每份问卷都会根据回答者的回答进行 A 到 D 的评级。

CDP 推出的五年战略计划旨在解决更广泛的环境议题，以应对日益严重的气候和生态系统危机。这一战略计划不仅涵盖了土地、海洋和生物多样性等传统的环境保护领域，同时也将复原力、废物管理以及食品系统等新兴议题纳入考虑范围，体现了其全面而深入的环保理念。

3. TCFD

TCFD（Task Force on Climate – Related Financial Disclosures，气候相关财务信息披露工作组）由金融稳定委员会（FSB）于 2015 年 12 月成立。其与金融稳定委员会合作制定一种自愿且一致的气候相关财务信息披露方法从而帮助投资者、债权人和保险公司更好地理解重大风险。

2017 年 6 月，TCFD 发布了《气候相关财务信息披露工作组建议报告》，提出了一套全新的气候相关财务信息披露框架和建议。该框架的披露建议围绕四个主题领域展开，这四个主题领域正是公司运营的核心要素：治理、战略、风险管理以及指标和目标。这四项建议相互关联，并得到了 11 项具体披露建议的支持。这些建议共同构成了一个完整的框架，其中的信息应能帮助投资者及其他相关方了解报告组织在思考和评估气候相关风险和机遇方面的方式和方法。

4. SASB

SASB（Sustainability Accounting Standards Board，可持续发展会计准则委员会）是一个在美国旧金山成立的非营利性组织，专注于制定可持续性会计标准，以便企业在财务报告中披露与可持续性相关的关键信息。SASB 由来自商业、投资和学术界的专业人士于 2011 年创立，其使命是开发一套行业特定的可持续性会计标准，以满足投资者和企业决策者的信息需求。

SASB 的标准于 2018 年发布，涵盖了 11 个大行业，共 77 个子行业。这些标准旨在确定最少数量的可持续性问题，这些问题最有可能影响公司的财务表现。每个问题都有明确的披露项目和指标，以及披露项目的类型（定量/定性）和披露单位。虽然列出的披露项目和指标因行业而异，但都可以归入"环境""社会资本""人力资本""商业模式创新"和"领导力和影响力"五大类别。值得注意的是，尽管该标准最初是作为"美国公司的披露标准"制定的，但其已经发生重大转变，成为"全球公司的披露标准"。

5. SFDR

SFDR（Sustainable Finance Disclosure Regulation，可持续金融信息披露条例）是一项旨在推动可持续金融发展和提高金融机构及其产品在可持续性表现上的透明度的法规。SFDR 的发展历程始于 2018 年，当时欧盟委员会提出了一项行动计划以推动可持续金融的发展。2019 年，欧洲议会和欧洲理事会通过了 SFDR，为金融机构及其产品的可持续性披露设定了具体要求。2021 年，SFDR 的实施进入了新的阶段，第一阶段要求于 3 月 10 日开始实施，第二阶段要求于 7 月 1 日开始实施。

SFDR 的目标是提高金融机构和产品的可持续性披露水平，使投资者能够更全面地了解其投资的可持续性特性和风险。通过提供更多的可持续性信息，SFDR 旨在推动可持续投资的增长，并促进可持续发展的实现。SFDR 要求金融机构和产品提供关于其可持续性的披露信息，包括 ESG 因素的融入和影响。SFDR 将披露要求分为三个级别：一级、二级和三级，各级别的要求根据金融机构和产品的可持续性目标和特性而有所不同。金融机构需要在预合同文件、网站和年度报告等披露文档中提供相关的可持续性信息，包括可持续性政策、ESG 指标和可持续性评级等。

6. ISSB

2023 年 6 月 26 日，ISSB（International Sustainability Standards Board，国际可持续发展准则理事会）正式公布了两项重要的披露准则：《国际财务报告可持续披露准则第 1 号——可持续相关财务信息披露一般要求》（IFRS S1）以及《国际财务报告可持续披露准则第 2 号——气候相关披露》（IFRS S2）。

IFRS S1 准则包括一套完整的披露要求，其设计目标是为了让企业能够向投资者准确传递他们所面临的与可持续性相关的风险和机会。此准则涵盖了治理、战略、风险管理、指标和目标四个关键维度。IFRS S2 准则为气候相关披露提供了详细的指导，并计划与 IFRS S1 准则共同实施。同时，ISSB 已经表示，将加强与 GRI 的交流，以便在 ISSB 准则与其他报告标准结合使用时提供高效和有效的报告。这两项准则都完全纳入了 TCFD 的建议，其生效日期为自 2024 年 1 月 1 日之后开始的年度报告期间，允许提前采用。TCFD 监测气候相关信息披露进展情况的责任也将由国际财务报告准则基金会接管，这意味着第一批遵循该准则的报告将在 2025 年发布。

7. ESRS

ESRS（European Sustainability Reporting Standards，欧洲可持续发展报告标准）由欧洲财务报告咨询组（European Financial Reporting Advisory Group，EFRAG）负责起草。EFRAG 作为欧洲委员会的技术顾问，承担着制定 ESRS 草案的重任。

2023 年 7 月，第一批 ESRS 草案公布，包括了 12 个标准，涵盖了多个与可持续发展相关的领域，包括气候变化、污染、水资源和海洋资源、生物多样性与生态系统、资源利用与循环经济、企业行为等。

二、中国 ESG 政策及框架

ESG 理念在中国也得到了积极的响应。中国早期与 ESG 相关的监管文件主要集中在对环境保护的信息披露等方面。近年来，中国大力推进的"绿色金融"与 ESG 发展理念不谋而合。中国内地 ESG 信息披露监管框架主要以政府、监管部门、交易所、行业协会发布的一系列指引和政策为主，主要经历了三个发展阶段（见表1-1）。第一阶段，ESG 理念形成与倡导自愿披露责任报告阶段（2008 年以前）。第二阶段，社会责任报告和 ESG 报告自愿披露与强制披露相结合阶段（2008 年至 2015 年 9 月）。第三阶段，进一步完善社会责任报告和 ESG 报告披露制度阶段（2015 年 10 月至今）。

表1-1 中国 ESG 政策及框架

要求披露方式	时间	发文主体	ESG 要素	文件	主要内容
自愿披露	2002 年 1 月	证监会、国家经贸委	G	《上市公司治理准则》	上市公司应关注所在社区的福利、环境保护、公益事业等问题，履行其社会责任。同时，对上市公司治理信息的披露范围作出了明确规定
	2003 年 9 月	原国家环保总局	E	《关于企业环境信息公开的公告》	定期公布污染严重企业名单；列入名单的企业按照要求对外披露环境信息，未列入名单的企业可以自愿公开
	2005 年 11 月	原国家环保总局	E	《国家环境保护总局关于加快推进企业环境行为评价工作的意见》	明确了企业环境行为的评价标准
	2007 年 12 月	国资委	ESG	《关于中央企业履行社会责任的指导意见》	提出建立社会责任报告制度，有条件的企业要定期发布社会责任报告或可持续发展报告
自愿披露与强制披露相结合	2008 年 2 月	原国家环保总局	E	《关于加强上市公司环境保护监督管理工作的指导意见》	明确提出上市公司的环境信息披露分为强制公开和自愿公开两种形式
	2010 年 9 月	原环境保护部	E	《上市公司环境信息披露指南（征求意见稿）》	重污染行业上市公司应当发布年度环境报告，定期披露污染等方面环境信息

要求披露方式	时间	发文主体	ESG 要素	文件	主要内容
自愿披露与强制披露相结合	2015 年 9 月	中共中央、国务院	E	《生态文明体制改革总体方案》	提出建立上市公司环保信息强制性披露机制；完善对节能低碳、生态环保项目的各类担保机制
进一步完善社会责任报告和 ESG 报告披露制度	2016 年 6 月	国资委	ESG	《关于国有企业更好履行社会责任的指导意见》	到 2020 年，国有企业形成更加成熟定型的社会责任管理体系。
	2016 年 8 月	中国人民银行等七部委	E	《关于构建绿色金融体系的指导意见》	提出完善与绿色金融相关监管机制，逐步建立和完善上市公司和发债企业强制性环境信息披露制度
	2017 年 3 月	证监会	E	《中国证监会关于支持绿色债券发展的指导意见》	发行人应当按照相关规则规定或约定，披露绿色公司债券募集资金使用情况、绿色产业项目进展情况和环境效益等内容
	2020 年 3 月	中共中央办公厅、国务院办公厅	E	《关于构建现代环境治理体系的指导意见》	到 2025 年，建立健全环境治理的领导责任体系、企业责任体系、全民行动体系、监管体系、市场体系、信用体系、法律法规政策体系
	2020 年 10 月	生态环境部等四部委	E	《关于促进应对气候变化投融资的指导意见》	要求完善气候信息披露标准，包括加快制订气候投融资项目、主体和资金的信息披露标准，推动建立气候信息披露制度
	2021 年 5 月	生态环境部	E	《环境信息依法披露制度改革方案》	2025 年基本形成环境信息强制性披露制度
	2021 年 7 月	中国人民银行	E	《金融机构环境信息披露指南》	提供了金融机构在环境信息披露过程中遵循的原则、披露的形式、内容要素以及各要素的原则要求

续 表

要求披露方式	时间	发文主体	ESG 要素	文件	主要内容
进一步完善社会责任报告和 ESG 报告披露制度	2021 年 12 月	生态环境部	E	《企业环境信息依法披露管理办法》	要求重点排污单位、实施强制性清洁生产审核的企业、符合规定的上市公司、发债企业等主体依法披露环境信息
	2022 年 4 月	证监会	ESG	《上市公司投资者关系管理工作指引》	投资者关系管理中上市公司与投资者沟通的内容主要包括公司的环境、社会和治理信息
	2023 年 7 月	国资委办公厅	ESG	《关于转发〈央企控股上市公司 ESG 专项报告编制研究〉的通知》	进一步规范央企控股上市公司 ESG 信息披露工作，助力央企控股上市公司 ESG 专项报告编制工作

第二章 中国物流行业 ESG 发展需求分析

随着环境、社会公平等问题的日益突出，社会各界的可持续发展意识不断增强，作为全球经济的重要角色，物流行业不仅自身对可持续发展有强烈需求，利益相关方也期待物流行业可以发挥其作为产业链枢纽的地位，促进社会朝着可持续发展的目标不断前进。为实现各方的诉求，物流行业需要落实相关法规和政策的要求，响应客户和投资者对于企业 ESG 管理水平提升和信息披露的期待，同时承担相应的社会责任，为弱势群体提供公平的发展机会。

第一节 落实法规和政策要求

一、"双碳"战略

2020 年 9 月，习近平主席在第七十五届联合国大会一般性辩论上提出，应对气候变化《巴黎协定》代表了全球绿色低碳转型的大方向，是保护地球家园需要采取的最低限度行动，各国必须迈出决定性步伐。中国将提高国家自主贡献力度，采取更加有力的政策和措施，二氧化碳排放力争于 2030 年前达到峰值，努力争取 2060 年前实现碳中和。目前我国已出台了一系列关于"双碳"战略的政策和法规并建立了碳市场体系，推出了碳排放配额交易制度。

中国"双碳"战略对物流行业有着深远的影响。物流企业需要积极响应"双碳"目标，通过优化供应链和物流网络、提升能效和能源转型以及加强合作与创新等措施减少碳排放，推动物流行业的绿色发展。政府的政策引导和法规支持也将为物流企业提供重要的支撑和推动力，促使整个行业向更绿色、低碳和可持续的方向发展。

二、"十四五"规划

为建设现代物流体系，国家在"十四五"期间制定了物流行业的相关规划。具体来看，"《"十四五"数字经济发展规划》鼓励发展数字商务，加快商贸和物流的数字化转型，以及推动智慧能源建设应用，促进能源生产、运输、消费等各环节的智能化升级，推动能源行业向低碳转型。

《"十四五"节能减排综合工作方案》从多方面强调交通物流的节能减排，在基础设施上，推动绿色铁路、绿色公路、绿色港口、绿色航道、绿色机场、绿色仓储和绿色物流园区的建设。在运输模式上，促进大宗货物和中长途货物运输"公转铁""公转水"和多式联运。在能源使用方面，实施汽车国六排放标准和非道路移动柴油机械国四排放标准，推行清洁柴油机行动，以及推动船舶清洁能源动力的应用和提升铁路电气化水平。此外，该工作方案还鼓励发展智能交通，通过优化运输组织模式来提高交通运输的效率和能源利用率，以及推广物流周转箱的标准化和绿色快递包装。

《"十四五"现代物流发展规划》一方面鼓励物流的数字化转型和智慧化改造，通过广泛应用大数据提升物流数据的价值，并推动物流无纸化的推广，同时加快物联网基础设施建设，促进各类无人化和智慧化技术的应用。另一方面，该规划提出持续推进运输结构调整，提高铁路、水路运输比重，并加强绿色物流新技术和设备研发应用，推广使用循环包装，减少过度包装和二次包装，促进包装减量化、再利用。此外，规划还要求推动建设中西部地区、经济欠发达地区和偏远山区等农村物流基础设施，并在服务上深化快递进村，同时为农产品的流通和品牌化提供可靠的物流服务。

三、绿色物流政策

《物流业发展中长期规划（2014—2020 年）》旨在建立现代物流服务体系，其中绿色物流被视为重要目标。政府倡导布局合理、技术先进、便捷高效、安全有序的物流服务体系,并致力于大力发展绿色物流。该规划着重强调绿色供应链、绿色制造、绿色流通以及逆向物流体系的建立。其他一些相关法规和政策文件也强调了绿色物流的重要性。例如,《国务院办公厅关于推进电子商务与快递物流协同发展的意见》提出推动绿色运输与配送,促进资源集约和推广绿色包装。《中华人民共和国电子商务法》要求政府支持和推动绿色包装、仓储、运输,促进电子商务绿色发展。绿色物流相关政策、法律法规与标准如表 2 - 1 所示。

另外,发展绿色物流离不开数字化的支持。例如,物联网技术可以监测货物位置和状态,大数据分析可以帮助预测拥堵和延误情况、优化路线规划和配送计划,机器人技术有助于提高仓储和装卸效率。通过将不同的前沿技术进行有机结合,物流企业可以优化配送资源的使用率,降低能源消耗以及温室气体排放。

表 2 - 1 绿色物流相关政策、法律法规与标准

年份	文件名称	与绿色物流相关内容
2014	《物流业发展中长期规划(2014—2020 年)》	到 2020 年,基本建立布局合理、技术先进、便捷高效、绿色环保、安全有序的现代物流服务体系,大力发展绿色物流
2017	《国务院办公厅关于积极推进供应链创新与应用的指导意见》	积极倡导绿色供应链,大力倡导绿色制造,积极推行绿色流通,建立逆向物流体系
2018	《国务院办公厅关于推进电子商务与快递物流协同发展的意见》	强化绿色理念,发展绿色生态链。促进资源集约,推广绿色包装,推动绿色运输与配送
2018	《中华人民共和国电子商务法》	国务院和县级以上地方人民政府及其有关部门应当采取措施,支持、推动绿色包装、仓储、运输,促进电子商务绿色发展
2019	《绿色物流指标构成与核算方法》	明确绿色物流的概念,规定企业的绿色物流指标体系与指标核算方法
2021	《交通运输标准化"十四五"发展规划》	推进以数字化、绿色化为主要特点的重大成套装备技术标准制修订
2021	《西安市加快电子商务高质量发展三年行动方案(2021—2023 年)》	引导电商企业使用环保包装,减少商品在快递环节的二次包装;与快递企业合作,共同落实快递包装相关标准和规范,减少过度包装、随意包装

年份	文件名称	与绿色物流相关内容
2021	《省人民政府办公厅关于推动快递业高质量发展的意见》（贵州省）	到"十四五"末，基本建成普惠城乡、服务多元、安全高效、绿色环保的快递服务体系。实现绿色快递更加普及，强化快递包装绿色治理
2022	《云南省"十四五"现代物流业发展规划》	推广绿色低碳可持续现代物流业发展新模式，提出实施绿色物流推广工程，提升集约绿色发展水平
2023	《物流企业绿色物流评估指标》	规定了物流企业绿色物流评估的基本要求、物流企业类型和级别划分，以及评估指标，适用于物流企业绿色物流发展水平的评估
2023	《物流企业温室气体排放核算与报告要求》	给出了物流企业温室气体排放核算的基本原则，规定了核算边界、核算步骤、核算框架、核算方法以及核算结果，适用于物流企业温室气体排放的核算

第二节　满足客户和投资者的需求

一、客户需求

1. 物流成本效益

随着终端客户对商品的需求更加复杂化和多样化，物流服务随之趋向专业化和精细化，控制物流成本成为大小企业成本管理的重要环节。创新战略和措施是ESG社会维度中产品责任议题的要素之一，如果物流企业能够通过创新能力建设，开发出智能管理系统来优化运输路线、仓储管理和运输模式等，那么不仅运输链的整体效率可以得到提升，也为下游客户创造了降低成本的附加值。出于追求效益最大化的目标，客户企业需要控制物流成本在总成本中的比重。物流企业在发展ESG建设中通过打造科技创新能力，不断提高自动化率以提升物流运作效率，降低运输成本、人力成本、库存管理成本等，最终得以让客户实现有效管理物流成本的利益诉求。

2. 供应链环境管理

由于物流业务自身的特性，商品运输过程中会产生碳排放、空气污染物、物流耗材废弃物、噪声污染等消极影响，对环境造成明显影响。随着国内"双碳"战略的逐步推进以及各国和地区对产业链环境要求的日益提升，客户在采购时需要考虑商品是否满足进出口国家和地区的环境法规要求，并越来越关注采购的产品在制造和运输过程中是否对环境造成显著负面影响。因此，物流企业的运输方式、运输效率、耗材使用等是客户评估供应链环境影响的重要角度。仓储设施使用清洁能源来降低传统能源的使用占比、运输流程推广电气化来减少温室气体排放、商品包装环节采用环保包装材料和推行循环利用来减少产生废弃物。客户希望这些物流环节的环境提升措施不仅能帮助其应对日益严格的环境监管，也可以促进实现自身的可持续发展目标。

3. 供应链范围三排放

范围三温室气体排放在供应链中的重要性日益凸显，通常占企业温室气体总排放的大部分。CDP 的报告指出，企业供应链的温室气体排放是运营环节温室气体排放的 11.4 倍。供应链环节的温室气体排放来源众多，上游环节的排放来自包括交通工具运送货物过程中燃烧燃料、仓储的货物管理等，下游环节除了运输环节的排放，还有客户使用产品过程中以及产品生命周期结束时处理产品相关的排放等。实现"净零"排放需多方合作，客户要与上下游合作伙伴一起，在减排上达成共识，推动减排落地，例如利用物联网和传感器技术追踪产业链的能源消耗和温室气体排放水平，帮助合作伙伴定位管理薄弱点，进行针对性改进。另外，信息透明是客户对供应链进行监督的基本诉求，客户一方面需要产业链合作伙伴披露温室气体数据，另一方面期望合作伙伴积极使用第三方机构对数据准确性进行检查和认证，增强产业链温室气体数据的公信力。

二、投资者需求

1. 把握投资标的内在价值

在传统公司分析中，通过物流企业的优劣势、机会和威胁以及竞争对手、行业壁垒、供应链、客户和替代品等内外部要素，投资者判断物流企业在行业中的竞争地位，并使用收入、利润、资产负债表和现金流等指标评估企业的财务状况。传统公司分析模型没有考虑投资标的 ESG 发展水平，但可持续发展能力实际上是企业内在表现和内在价值的一部分，投资者只有将 ESG 管理能力纳入被投企业评估中，才能根据全面的信息作出合理的投资决策。例如，当物流企业减少能源消耗和废弃物产生，可以降低传统能源和废弃物处理成本；提高一线快递员工的福利待遇可以提高员工满意度，降低员工流失导致的沉没成本。在可持续发展项目上的前期投入和有效管理，最终可转化成企业的利润，并传导成更高的投资者回报率。虽然 ESG 是否对企业财务表现或者投资者回报率有积极贡献尚存争论，但 Gunnar Friede 等学者在综合分析 2200 个针对此话题的论文中，发现长期来看，ESG 对企业的财务表现有积极作用。另外，麻省理工学院多位学者联合最近发布了一份针对 2014—2020 年美国、欧洲和日本市场的研究，发现 ESG 在美国和日本市场有显著的超额投资回报率和高于市场平均的风险调整后收益。

2. 建立风险护城河

在 Emiel van Duuren 等学者的一份针对 127 个来自欧洲和美国机构投资者的调研中，67% 的被调查者声称将 ESG 应用到了投资风险管理中，这在所有 ESG 应用方式中占比最高（其他应用还包括股票估值和股票追踪等）。ESG 为投资者提供了新的风险管理思路。一方面，ESG 为分析物流企业的风险提供了新的视角，只有考虑 ESG 才能更全面地评估物流企业的整体风险画像。例如，在 ESG 的社会层面，对物流企业供应链情况进行尽职调查时，投资者不仅要评估仓储设施的周转能力等传统商业要素，也要研究劳工权益纠纷导致的罢工对供应链稳定性的影响。另一方面，ESG 是传统风险管理工具的有益补充。ESG 数据为投资者搭建新的风险指标点提供思路，投资者基于新的风险指标点，可以开发出一套不同于传统风险模型的风险管理工具，通过对 ESG 风险指标点的追踪和分析，投资者将获得新的风险洞察。

3. 拓展投资领域并实现新时期投资价值

物流企业在满足市场的可持续发展需求以及建立自身竞争优势时，需要大量的资金支持。这个过程同时催生出许多题材，一方面为投资者提供了多样化的投资机会和投资方式，提高投资组合的分散性和多样性；另一方面可以满足不同价值观投资者的偏好。例如，更多的新时代投资者将可持续发展视作一种道德和伦理责任，认为投资不应该局限于追求经济回报，还可以推动社会和环境的改善，解决全球性问题。公募基金为了提升绿色科技在投资组合中的占比，会更关注清洁能源驱动的绿色物流，使用主题投资的方式增加对仓储设施分布式太阳能发电和电动货车行业的投资风险暴露。私募股权基金为了把握智能物流的投资题材，会寻找开发物联网技术或者数据分析的初创公司，通过给企业提供资金、规划商业策略、传授运营优化方案等方式，在帮助企业发展和盈利的同时，获得理想的投资回报。

4. 获得更高的信息透明度

2015 年 9 月 18 日，针对大众汽车有意规避环境保护法中尾气排放规定的行为，美国环保署对大众汽车进行处罚，同年 10 月，大众汽车股票大跌。ESG 信息是投资者全方面评估物流企业长期发展的重要凭证，当前财务数据已不能满足投资者对企业信息披露的需求，投资者迫切需要更完整的、能全面反映企业经营能力的信息，来帮助评估投资标的长期经营能力。目前，虽然中国对 ESG 信息披露还处在摸索的过程，但随着国际主流框架的融合和国内外监管机构的合作深化，ESG 信息披露已是大势所趋。例如，证监会 2018 年修订的《上市公司治理准则》中规定了上市公司的利益相关者、环境保护与社会责任等内容，2021 年修订的《公开发行证券的公司信息披露内容与格式准则第 2 号——年度报告的内容与格式》中规定了环境和社会责任相关的披露要求。

第三节　企业可持续发展需求和社会责任

一、企业可持续发展需求

可持续发展不仅缘于社会长期发展和保护自然环境的需求，也是企业自身长期经营的保障。重视可持续发展能力建设对物流企业意味着新的业务增长点、更高的运营效率以及持续的经营和盈利，对实现股东价值至关重要。当物流企业把握住可持续发展带来的新的商业机会时，可以获得新的客户和更高的市场份额。当物流企业通过提高 ESG 管理能力来提升运营效率时，可以降低运营成本从而实现更高的利润。相反，ESG 管理能力缺失将增加企业的经营风险。若企业的环境管理水平未能与同行匹配，那企业就可能在竞争新时代消费者的市场份额中落败。发展 ESG 对物流企业实现自身长期价值的意义体现在三方面：提高营业收入、降低成本和提高风险管理能力。

1. 发展 ESG 有利于创造业务增长点

（1）构建以科技为基础的差异化优势。物流行业是资源和劳动力密集型的行业，企业的竞争优势体现在资源调动的效率。通过应用前沿的绿色物流技术，一方面物流企业得以最大化物流资源的使用效率，从而满足客户的各类运输需求；另一方面可以减少能源消耗带来的温室气体排放，以及减少人工参与从而提升经营场所的安全生产水平。这种以技术主导差异的竞争优势可以吸引愿意支付溢价的客户，令企业从竞争对中脱颖而出，从而增加销售额和市场份额。

（2）吸引重视 ESG 表现的客户。越来越多的零售和电子商务客户优先考虑可持续的供应链，ESG 管理水平领先的物流企业在客户群体享有盛誉，能够满足客户对可持续发展的需求，例如提供透明和环保的运输路径、减少包装废弃物的产生和采购来自负责任源头的商品。另外，政府机构、公共部门组织和行业领先公司等具有广泛社会影响的客户群体，纷纷将 ESG 标准纳入其采购流程或作为纳入相关组织的先决条件。若具备优秀的 ESG 管理水平并可提供绿色物流方案，企业将能更好地把握与头部客户的合作机会。

（3）获得投资者的青睐。物流行业是一个重资本行业，需要资金支持仓储设施建设、运输工具运营和人员调配管理等。随着投资者对可持续发展的重视并逐渐将 ESG 要素整合到投资分析的流程中，ESG 实践优秀的物流企业将脱颖而出，受到更多投资者的青睐，这将为企业商业版图的扩张提供资本保障，对销售额产生积极影响。

2. 发展 ESG 有利于降低经营成本

（1）实现数字化主导的成本效益。数字化转型和创新能力建设是 ESG 社会维度下实现产品责任的重要组成部分。物流行业的主要成本之一是与运输相关的费用，根据 *The Geography of Transport Systems*《交通系统地理学》的数据，运输相关的成本占到物流成本的 50.3%。物流企业通过推广路线规划软件和物联网技术的应用，在结合实时交通数据和运输需求的基础上，对货物运输的位置和状态进行实时监控，提高运输资源的利用率并优化运输路线安排。这不仅可以减少与行驶距离和时间相关的温室气体排放，也可以减少空载和半载运输，降低燃料和运输成本。在库存管理方面，库存持有成本在物流成本中的占比仅次于运输成本，达到 21.8%。数字化对仓储管理的成本效益作用一方面体现在精准控制和优化仓库运作，包括跟踪库存、管理货架布局、优化存储和拣货流程以及获得实时库存信息等，提高仓库操作的准确性和效率，减少库存管理成本；另一方面，自动化的货物分拣设备替代人工参与，可以减少人工参与过程中出现的工伤意外和职业病，减少员工健康安全事故和相关的医疗费用支出。

（2）降低物料使用和废弃物处理成本。虽然包装材料使用的成本在总成本的占比较小，但低效使用材料仍会导致资源过度利用和环境污染等风险，提升企业的合规成本。物流企业通过改进包装和优化产品设计等方式，减少不必要的材料使用，并通过使用绿色产品认证的可回收材料和再生材料，减少新鲜原材料的使用，也有助于降低处理物料相关的成本。另外，针对使用完毕的包装材料，企业通过建立废物分类系统，将废物分为不同的类别，实现资源再利用，减少原材料采购成本和废物处理成本。

（3）降低融资成本。Gianfranco Gianfrate 等学者对 2008—2018 年发布的 58 篇关于可持续发展实践与融资成本的论文进行研究，总结得出：由于文化、行业、经济等要素的差异，可持续发展实践不一定有利于降低融资成本，但一般情况下 ESG 表现好的公司可获得较低的股权融资成本和债权融资成本。

从企业角度来看，物流企业在可持续发展方面的投入将收获新的业务增长点并降低运输和各类仓储的成本，提升企业的财务表现，优秀的财务水平将赢得投资者的青睐。从投资者角度来看，当前越来越多的投资者将 ESG 要素纳入企业经营能力的整体评估分析，投资者逐渐理解和确信 ESG 和财务回报之间的正向联系，可持续发展水平高的物流企业将获得更多投资者的信任和支持。

3. 发展 ESG 有利于提高经营风险的管理能力

风险管理不仅属于传统商业理念的范畴，也是 ESG 公司治理维度下的重要议题。风险管理能力的好坏直接关系到企业是否具备长期经营的能力。将 ESG 要素整合到企业整体的风险管理架构中，企业可以更全面地识别风险类型，评估不同风险对经营的影响，并指引其采取相应的措施降低风险。

（1）形成全面的风险认知。在评估传统商业风险的基础上，物流企业可以通过 ESG 要素来定位和识别新的风险点。同时，通过把 ESG 风险要素与传统商业风险相结合，研究两者间的关联，物流企业可以形成全面的风险认知。此外，企业在基于 ESG 议题与不同利益相关方的沟通中，可以获得不同角度对企业风险点的理解，进一步完善物流企业对自身风险暴露的理解和评估。

（2）提高风险监控水平。物流企业在利用数字化实现对客户的产品责任时，收集和储存了大量运输数据、供应链数据和市场数据。企业可以利用大数据分析和制定可量化和可追踪的风险指标，利用实时监控的数据系统收集物流状态的数据，将实时数据输入风险指标中，监控运营过程中风险的暴露情况。比如通过分析气象灾害的趋势和影响范围，判断可能造成的交通中断范围以及货物损失大小，根据影响程度，企业对物流线路和运输方式进行调整。

（3）完善风险应对措施。ESG 能力建设一方面要求企业建立应急预案应对突发的环境和安全事件，包括制定应急流程、明确相关部门的责任分工、培训员工的应急处理技能以及搭建紧急沟通渠道，同时制订业务连续性计划，确保企业运营在突发事件时受到最低程度的影响；另一方面，优秀的

ESG 能力还体现在企业日常运营中采取的积极管理方式，例如根据大数据对气象灾害和交通情况的分析，制订灵活的运输方案满足不同场景的需要，降低因过于依赖某种交通方式而增加风险暴露。

二、企业社会责任需求

物流行业的 ESG 发展对国家实现联合国可持续发展目标（United Nations Sustainability Development Goals）有重要意义。首先，物流行业可持续发展有助于提高社会的经济韧性，使社会能够更好地应对经济、社会和环境变化带来的不确定性因素，促进经济的稳定和可持续增长。其次，物流行业可持续发展可以促进绿色经济的发展，通过推动清洁能源和绿色物流的发展，减少对自然资源的消耗和环境污染。最后，物流行业可持续发展推动地区发展平衡并减少地域差异，确保经济和社会发展的机会在社会各个层面得到公平分配，减少社会不平等。

1. 构建强韧经济

国家统计局数据显示，2022 年交通运输、仓储和邮政业增加值达到了49673.7 亿元，占当年国内生产总值的 4.1%，而快递量达到了 11058122.01万件，2013—2022 年快递量以年均 31.8% 的速度增长。物流行业是连接供应链各个环节的纽带，促进企业间的合作创新与共享资源，并通过知识外溢效应提高整个产业链的效率和竞争力。

（1）推动技术创新。一方面，物流行业需要发展物联网、大数据分析、人工智能等技术来实现对物流资源的实时监控、智能调度和预测分析，满足管理产业链复杂网络和消费者日益提高的物流服务期待的需求；另一方面，上至原材料供应商、下至企业和零售客户，作为产业链的沟通桥梁，物流行业需要数据共享来促进信息透明化，让各方了解物流运输过程中的关键节点和状态，提前发现潜在问题并及时作出调整和决策，减少供应链中的不确定性和风险，提高供应链的反应速度和灵活性。

（2）创造就业机会。国家统计局数据显示，2021 年城镇单位、国有单位、城镇集体单位和其他单位就业人员中，从事交通运输、仓储和邮政业的人数为 1596 万人，而私营企业和个体从事同类型职业的人数在 2019 年为 1051 万。物流企业的可持续发展需要各种专业人才，包括物流管理、科技支持、运输人员等。通过提供稳定的就业机会和良好的职业发展前景，物流行业可以吸引人才，提高人力资源的质量和效率。

2. 促进绿色发展

物流行业虽然是经济社会的重要纽带，但能源消耗量大。国家统计局数据显示，2020 年交通运输、仓储和邮政业能源消费总量达到 41309 万吨标准煤，占当年全行业的 8.3%。因此，社会的可持续发展要求物流行业通过科技投入优化资源使用效率，减少对环境的负面影响，助力国家实现"3060""双碳"目标。

（1）节约能源和减少排放。物流行业是能源密集型行业，温室气体排放量显著。根据国际能源署（International Energy Agency – IEA）统计，交通运输在 2022 年的温室气体排放达到了 79.8 亿吨二氧化碳当量（见图 2 – 1），占到当年全球温室气体排放总量（368 亿吨二氧化碳当量）的 21.7%。通过制定碳中和策略，物流企业优化运输路线、提升货物仓储效率以及替代传统能源消耗，减少运输距离和时间以及优化能源消耗结构，从而减少化石燃料消耗和温室气体排放，减缓气候变化。

（2）打造绿色物流。根据市场研究机构 Allied Market Research 的统计，2022 年全球绿色供应链的市场价值达到了 1.3 万亿美元，预计未来 10 年以年均复合增长率 8.3% 的速度增长。推动运输工具的电动化是物流行业绿色转型的重要措施，这包括建设充电设施和采购电动以及混合动力的货车来取代传统能源汽车，减少化石燃料消耗带来的空气污染物和温室气体排放。据中国汽车工业协会统计，2023 年 1 月至 7 月，新能源汽车销量达到 452.6 万辆，同比增长 41.7%。同时，交通拥堵也是物流行业不可忽略的挑战，因为这给物流运输带来了延误和效率下降的问题，绿色交通通过最大化使用共享交通来优化物流资源配送，减少车辆使用，提高交通流动性和物流运输效率。

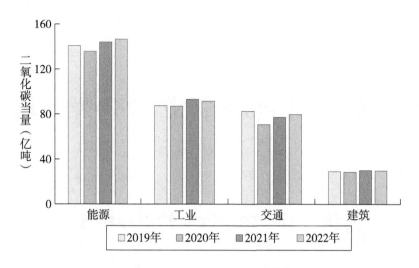

图 2 - 1　全球温室气体排放情况

3. 促进社会公平

物流行业对促进区域间的均衡发展和减少地域差距有重要意义。物流网络的建设和优化可以改善交通运输的流动性和效率，促进商品的流通，提升区域内的经济水平。对于偏远地区，物流行业的发展可以带动当地就业、提供基础设施和服务，促进地方经济的发展。

（1）建设基础设施。一方面，港口、公路、铁路和仓储设施是物流行业发展的基本保障，而通信设施是物流行业降本增效的关键，物流行业依赖各类基础设施来确保货物的及时交付和供应链的稳定性；另一方面，物流行业对效率和稳定的要求，也推动国家现代化基础设施的建设，促进偏远地区交通设施完善，改善交通条件，促进区域发展平衡。

（2）促进资源流通。物流行业是农产品贸易的重要支撑，企业通过冷链物流和快速运输减少农产品的损耗和质量下降，保证农产品的新鲜度和品质，通过提高农产品质量来获得更广的销售渠道，最终提升农民的收入水平并促进农村地区发展。另外，科技主导新时代物流降低货物运输成本，有利于减少商品在不同地区的价格差异，使更多人享受到价格平等的商品和服务，特别是在偏远地区或经济欠发达地区，物流行业的发展可以降低生活必需品的价格，提高居民的生活水平，促进社会公平。

第三章 中国物流行业 ESG 发展现状

第一节 物流行业特点和特性

一、行业关联性强

物流行业具有较强的社会化服务属性。在企业端，物流关乎所有行业的资源分享和流通，从工业和农产品原材料获取，到工业中间产品加工和最终产品制造，再到产品分销和零售，内向和外向物流将整个产业链串联起来，通过运输为上下游企业提供原材料和销售渠道的保障，也为企业提供原材料和产品储存。在零售端，物流的最后一公里直接关联各地区、所有年龄段的终端用户，是影响客户消费体验的关键，对提高客户满意度、强化品牌形象、增加营业额有重要作用。

由于物流作为枢纽与各行业密切相连，产业链上的 ESG 表现具有传导作用。例如，上游金属开采企业被勒令改善污水排放方案，这不仅对当事企业造成了停产的经营风险，同时导致物流环节无法将原材料按时交付给下游客户，影响下游客户开展业务。另外，为满足多品种和多频次的消费者商品交付，快件终端派送环节要雇用和管理大量快递员，其中备受关注的 ESG 话题是快递员的职业健康与安全。据《2021 年社会蓝皮书》统计，我国快递员每周工作时长达 70 小时。超长的工作时间和恶劣的工作环境对快递员的健康造成了严重影响。随着新时代消费者社会责任意识的觉醒，他们在挑选配送方案时，或许会优先考虑对快递员友好的配送方式。因此，良好的 ESG 品牌形象是物流企业获取终端消费者信任的关键要素。

二、地域覆盖度广

随着我国基础设施的不断完善，以及区域性物流和商贸集散中心的逐渐成熟，物流行业在促进资源的跨地域流通和提高区域化需求的响应速度等方面发挥了重要作用。同时，除了打造更高效的陆地运输模式，国内头部电商和物流企业效仿海外的先进实践经验，相继建造航空运输枢纽以满足更加多元化的客户需求。国家统计局数据显示，2022 年，我国铁路营业里程达到 15.5 万公里，公路里程达到 535 万公里。2021 年，沿海和内河的万吨级港口泊位数共有 2659 个。根据中国物流与采购联合会的统计，截至 2021 年年底，占地面积超过 10 万平方米的物流园区共 2553 家，物流园区四年间的年均增长率为 11.7%。除了满足境内的资源流通需求，物流行业在跨境贸易中也具有举足轻重的地位。随着全球化的推进，跨境合作推动全球供应链的建立，促使国家和地区间贸易频繁进行，而物流企业为贸易提供运输、报关、仓储和配送等服务，为国际贸易的顺利进行保驾护航。

物流行业的服务地域广，且依赖交通工具提供服务，因此物流行业的能源消耗量大且温室气体排放显著。提高运输资源的使用效率对减少物流对环境的影响具有重要意义。当前，道路运输是我国境内货物运输的主要方式，且道路货运产生的碳排放总量在所有运输方式中是最高的。根据经合组织国际交通论坛的计算，截至 2020 年，道路货运的温室气体排放强度为 67 克二氧化碳当量每吨公里（城市内的道路货运更是高达 147 克），高于海运、铁路、内陆水运的 5 克、16 克、35 克二氧化碳当量每吨公里。

除了推动交通电气化，利用多式联运来推动运输结构优化也是降低物流行业碳排放的绿色物流措施。多式联运整合多种运输工具的优势，提高交通工具的利用效率，减少运输资源的闲置和重复使用，缩短总运输里程和时间。根据美国环保署的研究，对于远距离运输，货车和铁路联运比单一使用货车产生的温室气体要少65%。

在社会层面，物流企业除了覆盖终端客户密集的城市，其服务范围还包括偏远地区。一方面，物流通过提供农产品采购、运输和分销等服务，将农业资源运输至人口密集的城市，帮助农产品外销，支持农村经济的发展；另一方面，偏远地区因制造业欠发达，工业成品依赖城市的供给，物流企业通过向农村地区延伸服务，将附加值更高的成品运输到农村，提高偏远地区获取与城市同等产品和服务的可及性，促进地区间资源的合理分配。

三、时效性强且灵活度高

为控制成本和建立良好口碑，现代物流企业对仓储和配送的管理效率要求非常高，必须严格把控库存准确率、拣货效率、配送时长、延误率和错误率。近年来，即时零售的普及进一步提高对时效性的要求。传统电商配送时长以天计算，同城配送的时长一般为一天以内，而即时零售的配送时长应在两小时内，许多订单甚至可以在30分钟到1小时完成。

除了关注时效性，物流企业还需要灵活多变的配送系统来满足场景多变的配送需求。例如，"双十一"等购物节使快递需求出现季节性激增，或者配送资源的错配难以满足早晚间堂食和外卖的需求交错变化。复杂多变的市场决定了物流是一个技术密集型的行业。圆通研究院总结了几大新一代物流技术。例如，射频识别 RFID 取代传统效率低下的人工手段，可以精准采集货物信息并实时掌握库存状态，提高货物盘点和监控效率；大数据技术可以提升仓库选址的准确度、提高车辆调度效率、定位最优路线等，也可以通过准确分析客户订单量和仓库装卸能力来优化仓库的囤积情况。另外，通信技术为物联网、大数据、区块链等前沿技术提供强大支持，令各类技术的交叉合作成为可能，通过物流技术一体化来满足特殊多变的物流需求。

在 ESG 层面，由于物流企业愈发依赖大量客户和业务数据来提升效率和拓展业务，建立强大的数据安全管理体系成为企业风险管理的重要一环。数据安全管理体系应覆盖制度建设、基本措施、前沿技术，包括控制人员访问权限、建立网络入侵检测系统、使用区块链对数据进行加密等。同时，为了应对极端自然灾害或者技术故障，物流企业应完善业务连续性和灾难恢复计划，确保数据得到及时的备份和恢复。在环境维度下，快递包装的标准化不仅有利于优化仓储空间的利用效率、降低碰撞造成的财产损失、提高自动化机械的分拣效率，还可以节约物流包装和减少包装废弃物。根据统计，我国 2020 年的快递包装废弃物总量达到 1000 万吨。根据国际非政府组织——绿色和平组织的分析，主要的物流包装材料是瓦楞纸箱和塑料袋，占比分别为 44.03% 和 33.52%。而物流包装材料的碳排放比重又以原材料阶段为最高，达到 71.56%。

第二节　物流行业 ESG 发展现状

一、ESG 报告披露情况

1. ESG 报告披露数量

企业 ESG 信息的披露途径主要是如年报、ESG 相关报告、专题报告等。一般情况下，披露的主流方式是 ESG 报告。企业披露 ESG 报告的直接动机分强制披露和自愿披露。强制披露是政府监管的要求，企业通过披露 ESG 信息提升信息透明度，使投资人和利益相关方了解企业在 ESG 方面的表现和风险管理能力。由于 A 股上市公司并未被监管机构强制要求披露 ESG 报告，A股上市公司的 ESG 报告为自愿披露，企业根据自身意愿，选择信息公开的运营范围、报告内容、指标绩效等。

（1）物流行业[①]ESG 报告披露率逐年上升

截至 2023 年第三季度末，2020—2022 年 A 股上市公司中，物流行业的 194 家企业披露的 ESG 报告数量分别为 80 份、89 份和 106 份，披露率分别为 41%、46% 和 55%。2020—2021 年、2021—2022 年的 ESG

---

① 相关物流行业数据统计范围包括妙盈科技行业分类下的航空运输、工业运输、贸易及供应链服务、油气运输与储存四个行业。

报告数量增长率分别为 11.25%、19.10%。尽管 ESG 理念在中国起步较晚，且 A 股目前没有强制披露 ESG 报告的要求，但从近三年物流行业 ESG 报告的披露情况来看，物流企业披露 ESG 报告的比例呈稳步上升的趋势（见图 3-1）。

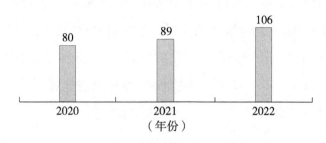

图 3-1　2020—2022 年物流行业 ESG 报告披露数量

（2）物流行业 ESG 报告披露率在所有行业中处于中上游

2022 年，A 股上市公司中仅有银行及投资服务行业的公司实现 100% 的 ESG 报告披露率。多元金融、酒精饮料、钢铁、煤炭等 17 个行业披露率高于 50%。相较 2021 年度，新增三个行业实现了 ESG 报告披露率过半。工业机械、汽车零部件、电子元件、通信设备等行业的披露率约为 25%。

2022 年，物流行业的贸易及供应链服务、油气运输与储存、航空运输、工业运输，披露率分别为 48%、50%、57.14% 和 60.92%，披露率在所有行业中排名靠前。

2. ESG 报告披露框架使用

随着 ESG 概念的不断普及，越来越多的企业在编写 ESG 报告时，根据自身需求，采用国内和国际的主流 ESG 报告披露框架，希望通过使用市场认可的标准化方法来评估和披露自身 ESG 表现，同时也为利益相关方解读企业 ESG 表现提供便利条件。

（1）多样化的 ESG 报告参考标准

通过分析 2022 年度 106 份 ESG 报告的编制标准以及报告索引中的信息披露参考标准，发现 GRI、上交所披露标准和 CASS-CSR 为报告参考最广泛的三个标准，占比分别达到 31%、28%、17%（见图 3-2）。

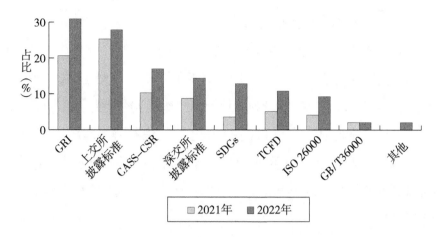

图 3 – 2　2021 年和 2022 年物流行业 ESG 报告参考标准占比

从时间变化上来看，参考国际标准的 ESG 报告数量有提升。TCFD 框架的使用占比从 2021 年度的 5% 上升至 2022 年度的 11%。SASB 准则没有出现在物流行业 2021 年度的 ESG 报告中，而 2022 年度有两份 ESG 报告参考了该准则。使用 SDGs 作为参考标准的占比显著上升，从 2021 年度的 4% 上升至 2022 年度的 13%。

在参考披露标准时，企业会参考多个国内或国际披露框架，以满足多方对于信息披露的需求。综合前面的数据，GRI 作为使用广泛的国际主流披露标准，因框架体系较为成熟而被许多企业选择作为披露依据，同时 GRI 也为其他 ESG 披露标准的制定提供参考。中国社科院的 CASS – CSR 标准贴合国内情况，具有良好的地区和社会适应性，因此它们都被国内企业广泛采纳。尽管当前 A 股物流行业较少参考除 GRI 以外的国际主流披露标准，但近年间的增长也说明更多物流企业在 ESG 发展上向国际主流逐步靠齐。

（2）TCFD 框架的应用尚有提升空间

气候变化对企业的可持续发展形成威胁，TCFD 框架不仅为企业提供了气候变化披露的参考，也促进了企业建立应对气候变化的机制，帮助企业可以更好地识别、量化和管理气候相关的风险。TCFD 框架除了建议披露企业自身的风险应对能力，还建议披露供应链中如何管理气候风险和机会。同时，它还被全球各地的监管机构和制定 ESG 标准的行业组织作为形成监管政策和统一披露规范的重要参考依据。

2022 年度 A 股上市公司的 ESG 报告中，共有 237 份报告按照 TCFD 框架披露气候相关的信息。其中，使用 TCFD 框架的工业运输、贸易及供应链服务、航空运输企业的 ESG 报告占比，分别为 4.64%、4.22%、0.42%。在所有行业中，占比最高的为化工及银行业，均为 7.17%。由此可以看出，尽管物流行业显著的温室气体排放对气候变化形成明显影响，其气候信息的披露不足或不规范，仍暗示着物流行业需整体提高对气候管理的重视程度。

二、ESG 绩效情况

1. 环境相关绩效

（1）环境目标披露不足

2022 年，物流企业普遍都制定了环境管理相关的政策。2022 年，能源使用管理政策、温室气体排放管理政策、污染物治理政策和废弃物管理政策披露率的占比分别为 38%、32%、28% 和 14%（见图 3 - 3）。相比之下，环境目标的披露率远低于环境管理政策的披露率。2022 年，在各类环境目标中，披露率最高的类别为减少能源消耗的目标，仅为 5%（见图 3 - 4）。

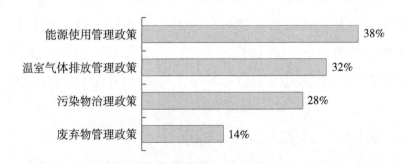

图 3 - 3　2022 年物流行业环境管理政策披露率

设立和披露环境目标对企业推进提升环境管理有实质性意义，有利于督促企业自上而下制定相应的管理政策并推进措施落地，有利于增强利益相关方对企业环境管理能力的信任度。设定和披露环境目标对企业形成约束作用，企

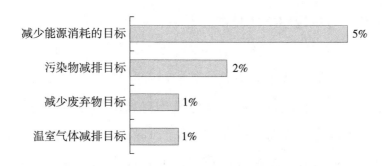

图 3-4　2022 年物流行业环境目标设立披露率

业若不能完成既定目标，将给利益相关方留下不良印象，因此许多企业不愿意设立和公开环境管理目标。但重要的是，目标的设立会促使企业投入提升环境管理能力所需的资金及技术资源，促进企业主动进行持续监控和战略调整，最终降低业务经营对环境的影响。

（2）温室气体披露率及减排趋势明显

根据近五年的数据，物流行业在温室气体披露方面体现出积极进步。整体披露率从 2018 年的 6% 提升到了 2022 年的 23%，增长速度超过 A 股市场的平均水平，后者同期的披露率从 3% 升至 13%（见图 3-5）。

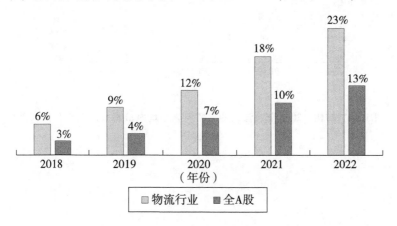

图 3-5　温室气体披露率

从这一趋势可以看出，物流行业在管理和公开温室气体排放方面正在采取更积极的态度，温室气体的信息更加透明，为利益相关方评估气候变化进展提供更多依据。然而，还有近四分之三的物流企业未能公开温室气体排放的数据，行业整体的温室气体信息公开仍有较大的提升空间。

（3）物流行业的温室气体减排获得一定成效

图 3-6 和图 3-7 的物流行业温室气体平均排放量与物流企业温室气体排放量变化率平均值，从排放绝对值和相对变化情况两方面反映了物流行业温室气体排放情况。物流行业温室气体平均排放量呈逐步下降趋势，其中的原因不能直接解读为物流行业整体的温室气体排放水平下降，导致这个趋势的可能是更多企业披露了温室气体数据，但新披露的企业的数据值偏小，拉低了行业数据的平均值。物流企业的温室气体排放量变化率平均值先上升后下降，一定程度上可以理解为部分企业的确在减少温室气体排放上取得了成绩，而 2019—2020 年的陡增可能是由于企业扩大了温室气体统计的范畴，说明企业逐步完善温室气体数据的统计方法。

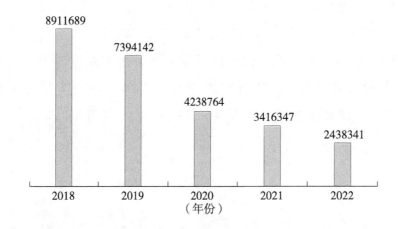

图 3-6　2018—2022 年物流行业温室气体平均排放量（吨二氧化碳当量）

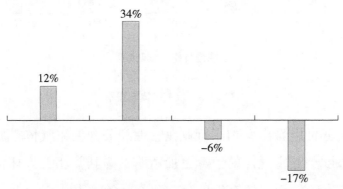

图 3-7　2018—2022 年物流企业温室气体排放量变化率平均值

以上数据一方面体现国家给予的政策引导正逐步对企业转型产生影响，鼓励企业积极披露温室气体数据和完善统计方法，例如 2019 年发布的《绿色物流指标构成与核算方法》规定了企业绿色物流指标体系与指标核算方法，《"十四五"规划》又相继提出了一系列有关绿色物流的政策文件来鼓励企业节能减排。

另一方面，技术进步也是重要因素。近年来物流企业采用了更加节能的运输工具（如电动卡车、节能船只、甲醇燃料汽车等）以及改进物流网络设计和优化运营策略（如优化路线、提高装载率等），从而实现节能减排。

（4）物流企业间的温室气体排放数据存在显著差异

物流行业温室气体排放量的中位数与平均数的差异明显，部分企业较大的披露数值令平均数远超中位数，且有扩大的趋势，两者之间的差距从 2018 年的 2.64 倍增至 2022 年的 10.45 倍（见图 3-8）。

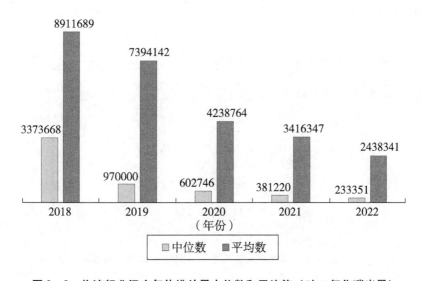

图 3-8 物流行业温室气体排放量中位数和平均值（吨二氧化碳当量）

一方面，物流行业的公司规模相差大，小型物流企业数量众多但运营规模小，而大型物流公司的业务范围和拥有的物流资产覆盖全国各地，碳足迹显著大于小型物流企业；另一方面，大型企业拥有更多资源统筹温室气体数据的统计，而小型企业受限于资金和知识水平，无法开展温室气体管理和披露工作。前面两个要素，导致已披露的数据中，大型企业的数值占很大比重，从而令行业温室气体排放量的平均值显著高于中位数。

另外，中位数的下降速度显著高于平均数导致了两者差异扩大，这说明数据集中出现了更多的低值数据，体现了更多的中小物流企业开始披露温室气体数据，进一步说明企业内部可持续发展的诉求和外部的刺激要素，共同促进物流行业温室气体排放管理水平的提升。

2. 社会相关绩效

员工职业健康与安全管理应受到重视。2022 年，A 股物流企业的安全健康管理政策、职业健康与安全措施、劳工管理、数据安全管理、供应商管理和客户隐私管理的披露率分别为 52%、48%、34%、26%、24% 和 20%（见图 3-9）。另外，物流行业的员工伤亡情况披露率呈上升趋势，且大于 A 股的平均披露率（见图 3-10）。超过半数的 ESG 报告披露了员工职业健康安全的政策和措施，说明了物流企业较为重视员工的职业健康和安全，对保障员工的健康与安全作出了一定努力。

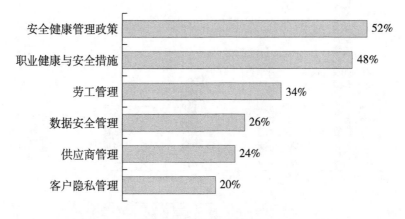

图 3-9　2022 年物流行业社会维度管理政策披露率

相比于劳工管理和职业健康和安全方面的披露，数据安全、供应商管理、客户隐私管理的披露率不高，凸显物流企业应着重提升产品责任和供应链 ESG 管理的水平。客户隐私管理及信息安全的管理是物流行业的重要课题，当今物流需求的复杂化要求物流企业大力发展人工智能、大数据等前沿科技，这对企业的隐私和信息安全管理提出了更高要求。而物流行业作为产

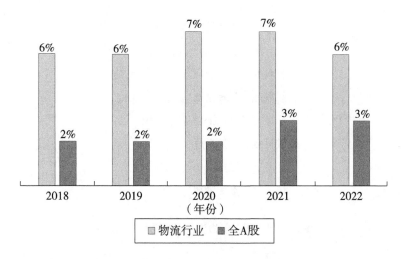

图 3 – 10　2022 年物流行业工伤数量披露率

业链中枢的角色，其对供应商 ESG 管理的要求对整个产业链有着重要影响，物流企业应重视供应链各环节的 ESG 表现，更积极地参与提高供应链合作伙伴 ESG 水平的实践中。

3. 物流行业特色绩效

物流行业特色绩效的披露率有待提升。物流行业对环境和社会的影响有其行业特殊性。例如，环境方面，冷链环节涉及制冷系统及制冷剂的管理，若管理不当，氢氟烃等制冷剂泄露会加剧温室效应。另外，运输过程中还会产生噪声和震动，对交通枢纽和主干道附近的居民区造成不良影响。社会方面，交通运输安全是物流行业需要重点关注的领域，应对驾驶员的驾驶行为以及道路交通安全等制定严格规定，保障交通运输平稳安全运行。如图 3 – 11 所示，2022 年，物流行业的特色指标的披露率均低于 10%，说明物流企业需要提高相应领域的管理水平。

4. 获得第三方认证情况

物流企业 ESG 报告获得第三方认证的比例上升。ESG 报告第三方认证是企业委托第三方认证机构就 ESG 报告中披露的关键数据和内容按照国际认证准则进行不同程度的审验，提升 ESG 报告内容的可信度。《国际认证业务准则第 3000 号（修订版）——历史财务信息审计或审阅以外的认证业务》（ISAE 3000）是国际上影响力最大的审验标准之一。

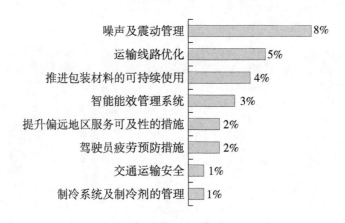

图 3 – 11   2022 年物流行业特色指标披露率

2020—2022 年，通过第三方认证的 ESG 报告比例，从 2020 年的 6% 上升至 2022 年的 9%（见图 3 – 12）。积极披露 ESG 信息是 ESG 管理能力的体现，物流行业的 ESG 报告披露数量已从 2020 年的 80 份增至 2022 年的 106 份，体现更多物流企业开始管理 ESG 事务。但数据披露是基础的一步，委托第三方对披露内容和数据进行校验，不仅可以帮助企业认识报告编制和数据收集过程中的不足，进一步规范企业的 ESG 管理，还可以增强披露信息的可靠性和可信度，为企业赢得来自监管机构、投资者和客户的认可。

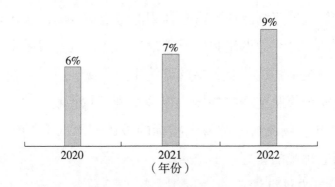

图 3 – 12   物流行业 ESG 报告获得第三方认证的比例

三、ESG 评级情况

ESG 评级是投资者评估企业 ESG 表现的重要工具，投资者通过 ESG 评级对投资标的进行分析和筛选，最终构建符合 ESG 投资目标的投资组合。本小节通过妙盈科技 ESG 评级，从整体情况、跨行业对比、时间变化来分析物流行业的 ESG 评级。

　　整体来看，在 2023 年第二季度，大部分物流企业的评级集中在 CC 和 C，评级表现一般（见图 3 - 13）。从 ESG 三个维度的评级分数来看（0 ~ 100 分，分数越高，ESG 表现越好），环境分数在最低区间的占比最高，接近 100%。治理分数较为均匀地分布在中间两个区间，而社会分数在最高区间占比最大，约为 58%（见图 3 - 14）。这反映了物流行业的环境评级表现仍有很大提升空间。

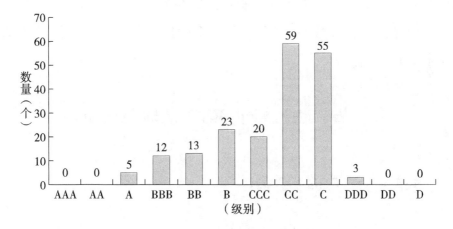

图 3 - 13　2023 年第二季度物流行业的 ESG 评级分布

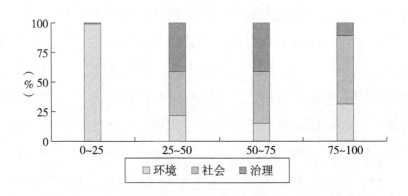

图 3 - 14　2023 年第二季度物流行业 ESG 单项分数区间的公司数量占比

　　根据妙盈科技的行业分类，通过对各行业内所有公司的 ESG 整体和分项得分计算平均值，得到各行业的 ESG 表现水平。总的来说，在 2023 年第二季度，全行业的环境评级分数整体偏低。相比社会和治理，环境维度的最低分数行业与全行业平均值的差距较大。汽车获得环境分数最高，社会、治理和 ESG 整体分数最高的行业均为银行。通过跨行业比较，物流行业的 ESG 整体表现和分项得分都高于全行业的平均值，说明物流行业的 ESG 管理水平和表现优于全行业的平均水平。

从时间变化上看，在过去的九个季度，物流行业的 ESG 整体分数总体上升，其驱动力主要来自环境分数的提升，环境得分的季度间增长率达 3.4%。环境得分走高主要是因为环境管理、能源消耗和温室气体排放的管理能力的提升。治理分数总体稳定，但也呈现小幅上升的态势。而社会得分有一定幅度的波动，员工参与度与多样性、职业健康与安全、社区影响、供应链管理的表现欠缺导致社会分数在 2022 年前三季度出现下降，但在接下来的季度也展现了上升的趋势。

第三节　物流行业 ESG 发展障碍分析

一、未有明确的 ESG 披露指导

当前，证券市场尚未出台针对 ESG 信息强制披露的相关法规，深交所和上交所针对上市企业可持续发展信息的披露还处在自愿披露和部分信息强制披露相结合的阶段，政策和指引的内容关注更多的是以自愿披露为主要形式的环境保护、社会责任等方面的 CSR 报告。由于监管机构未针对企业的 ESG 管理事项采取强有力的监督措施，企业还没有将提升 ESG 管理水平作为重要的企业战略，ESG 披露水平未能达到理想程度。如前文所展示的数据，尽管物流行业的 ESG 报告披露率不断上升，但最新年份的披露率才刚刚过半。

另外，目前国际上主流的 ESG 报告参考标准呈现多样性的特点，较为统一的披露框架还未形成。从前文数据中可以看到物流企业 ESG 报告的参考标准各不相同。从框架内容来看，有些 ESG 报告参考标准较为专业和复杂，有些参考标准较为笼统且缺乏明确的指标解释，种种要素交错令使用和对比不同框架的难度较大，这对中小企业或缺乏 ESG 专业知识的企业来说存在较高的学习成本和资金成本。

二、协同作用不明显

当前社会整体对 ESG 的认知还处在摸索阶段。企业内部在理解 ESG 对内外部利益相关方和企业自身价值的重要意义方面还不充分，导致企业没能将 ESG 与业务经营有机地结合起来。结合监管薄弱、供应链伙伴 ESG 意识淡薄、投资端激励作用不明显等外部条件的约束情况来看，企业在推动 ESG 能力建设上还存在内外部驱动力不足且互相制约的情况。

从企业内部各部门之间关系来看，由于 ESG 建设涉及企业整体经营理念的革新和经营行为的改革，ESG 表现的提升需要自上而下推动。许多企业未能在管理层高度制定切实可行且清晰的 ESG 目标和 ESG 管理计划，各部门在推进 ESG 措施落地时缺乏明确指引，部门间的优劣势难以形成互补局面。

从企业与产业链合作伙伴的关系来看，物流本身是连接产业链的枢纽，企业的 ESG 管理能力受上下游产业链的影响。如果产业链上的合作伙伴未能与企业一起达成提升 ESG 管理水平的共识，在 ESG 上的投入程度远低于企业本身，会导致企业在收集产业链 ESG 数据或者控制产业链温室气体排放等方面遇到重重阻碍。

从企业与同行的关系来说，优秀的 ESG 表现水平理应成为行业标杆，对同行业整体水平的提升起到促进作用。但因为针对企业 ESG 管理的监管要求还不成熟，部分企业担心进行 ESG 管理建设不仅会产生额外成本，令企业在市场竞争中处于不利地位，而且较为详细的 ESG 信息披露可能会暴露商业敏感信息，为竞争对手所利用。内外部要素的不成熟导致同业间形成制约关系，这将成为整个行业 ESG 发展的绊脚石。

三、ESG 评级的差异性

因为 ESG 评级机构使用的评级方法论不同，比如话题覆盖度、使用的指标、计算流程等，相同物流公司在不同评级体系下获得的 ESG 评级是有差异的，比较难直接对比机构间的评级分数。根据麻省理工学院斯隆管理学院的研究，ESG 评级的差异来自三个方面：衡量方式、范围和权重，它们对 ESG 分数差异化的贡献分别是 56% 、38% 和 6% 。衡量方式的不同体现在评级机构对类似属性的问题使用不一样的评价指标点；范围的不同是指纳入 ESG 评级范围的话题不同；权重的差异是指 ESG 评级机构对话题的权重配比不同。

虽然评级方法论的不同使统一评价更具挑战，但评分差异性为投资者提供了更多不同视角的信息。这对投资者的启示是，在使用不同 ESG 评级机构时，首先要理解评级机构的评价目标。在了解评级目标的基础上，投资者还要充分理解底层的评级逻辑，避免盲目使用简单平均的方式来综合多家评级机构的结果。投资者若能充分利用评级多样化，发现评级间的争议结果，在一定程度上，可以更全面地评估物流企业的 ESG 表现。

四、尚不健全的可持续融资参考体系

金融机构在帮助企业发行可持续发展相关的债券进行融资时，要依据主流原则机构（如气候债券倡议组织、国际资本市场协会）建议的框架判断企业的经营模式和产品类型是否满足 ESG 规范。虽然国内外主流的可持续融资标准均提及物流行业的部分环节满足可持续发展的要求，但还缺乏评估物流项目中需要用到的具体的物流评价指标以及指标绩效的最低要求，给实际应用造成不小挑战。

国内目前的《绿色债券支持项目目录（2021 年版）》和《绿色产业指导目录（2023 年版）》（征求意见稿），均未对绿色物流提出可供参考的指标细则和最低满足要求。《欧盟可持续金融分类方案》在其认定的对减缓气候变化有重大贡献的七大类经济活动和 72 项子活动中，铁路货运、低碳交通基础设施、公路货运服务、内河水路货运等物流行业或满足"实质性贡献"原则，或满足"无重大损害"原则。气候债券倡议组织的《气候债券分类方案》识别了实现低碳和气候适应性经济所需的资产和项目。其中，满足该分

类方案的物流和供应链业务包括：为太阳能、风能、地热能、生物质能、水力海洋可再生能源提供供应链设施服务；为合格车辆和其关键部件（如电池）的制造设施提供供应链设施服务；农业、畜牧业、水产养殖业和海产品的供应链资产管理；工业和能源密集型工艺的供应链等。目前，气候债券倡议组织未对所有上述物流行业的相关业务制定可供判断是否符合气候债券的资格标准。

五、显著的转型融资缺口

市场对"纯绿"物流技术有成熟的认知，大力投入前沿绿色物流技术已是不争的事实，且投资者已投入相当数额的资金，根据前文提到 Allied Market Research 的数据，2022 年全球绿色供应链的市场价值达 1.3 万亿美元。相比之下，以能源密集为主要商业模式的传统物流公司还未能找到切合实际的绿色转型思路。因为转型需要企业打破现有商业模式，分阶段逐步实现降低温室气体排放，投资者还未准备好为企业的长周期转型提供多样的融资渠道和充足的资金。

根据普华永道的分析，制约投资者投资转型产业的障碍主要有三个。首先，投资者未能适应企业转型带来的新型融资需求。为传统物流提供环境转型融资所需的投资分析与投资"纯绿"物流技术所需的投资逻辑不同，金融机构有待完善适用于转型融资所需的投研体系来刻画客户画像、给融资产品定价、管理投资组合风险等。

其次，投资者的气候风险暴露较为显著。处于转型过程中的物流企业仍有大量的碳排放，投资这类企业意味着金融机构将持有高碳资产。一方面，当前尚不完善的可持续发展认知令市场无法很好地从排放结果区分转型企业和涉及"漂绿"的企业，市场可能对持有高碳资产的金融机构采取"一刀切"的排斥态度；另一方面，如企业未能按照转型计划推动业务绿色升级，投资者可能会因气候变化相关的物理和转型风险而遭受投资损失。

最后，投资者追踪企业转型成果的能力不足。因为数据披露不足或者未经验证，投资者不能很好评估高能耗和高排放的物流企业是否按计划达成阶段性的转型目标。尽管企业已采取了合适的转型措施，但转型产生的环境效益往往不能在短时间内显现，这就给存在"漂绿"行为的企业提供了混淆视听的机会，加大了追踪转型进度的难度。

第四章 中国物流行业 ESG 发展保障体系

第一节 监管政策保障

监管政策对于引导及推动 ESG 发展的重要作用不言而喻，自 2002 年证监会发布《上市公司治理准则》起，证券交易所和地区政府陆续发布了 ESG 信息披露的相关指引和规定，由此可以看出我国高度关注企业 ESG 管理水平的提升，通过政府、金融监管机构和证券交易所的政策推动国内 ESG 市场的发展。

以港交所为例，港交所于 2012 年发布了《ESG 报告指引》，作为上市公司自愿性披露建议，2016 年 1 月将部分建议上升至半强制性披露层面，实施"不披露就解释"规则。2019 年 5 月，港交所发布了《ESG 报告指引》修订建议的咨询文件，并于 2019 年 12 月确定新版《ESG 报告指引》内容，进一步扩大强制披露的范围，将披露建议全面调整为"不披露就解释"，持续提升对在港上市公司的 ESG 信息披露要求。2022 年，港交所 ESG 报告的信息披露率已接近 100%。

从港交所的例子可以看出，指引政策的实施对上市企业 ESG 信息披露有至关重要的推动作用。虽然 ESG 信息披露的相关政策在不断进行扩充，但是仍然有较大的完善空间。

一、健全 ESG 信息披露法规

政府部门和证券交易所出台对上市企业 ESG 信息披露的相关法律法规是

完善上市企业 ESG 信息披露行为的重要基石。针对物流行业，监管机构应从物流市场发展的实际情况出发，结合我国现有的体制框架和制度要求，并参考国际上相对成熟的物流行业的 ESG 信息披露法规的发展经验，为物流行业制定满足行业发展需求的 ESG 信息披露法律法规，逐步推动物流上市企业的 ESG 信息披露，以提升物流行业的 ESG 发展水平。

二、推动 ESG 信息披露规范化

制定 ESG 数据披露规范，确保披露的数据有效及可比是解决数据有无后的重点问题。目前大部分企业对于应当披露的 ESG 数据内容以及披露方式仍然缺乏足够的认识，导致披露内容无法满足各方的需求。针对物流企业，监管机构要制定行业配套的 ESG 信息披露标准，对于物流数据披露的细节进行具体的指引，包括适用范围、披露内容、披露格式、核心指标、统计方法等，以便投资者和其他利益相关方可以更好地理解和使用物流数据。ESG 信息披露规范化的过程需要考虑不同类型物流企业的运营水平和披露能力，政策实施上应避免过于复杂化，造成企业的披露成本增加而降低披露意愿。

三、推动 ESG 信息披露监管体系建设

提高 ESG 信息披露的质量，需要上市企业、监管机构以及投资者等共同推进。规范上市企业 ESG 信息披露行为，在促进上市企业主动披露 ESG 信息的同时，为了维持证券交易市场的公平性原则，需要监督保证上市企业披露的 ESG 信息具有有效性和真实性。对物流企业来说，企业内部应设立 ESG 信息披露的相关监督流程与机制，不断提升企业信息披露的水平和透明度。国家政府部门应当建立 ESG 信息披露监督框架，明确监管要求与处罚的标准，由归属的监管部门进行监督。由于物流行业涉及广泛且复杂的产业链关系，来源多样化的 ESG 信息对数据的真实性形成挑战。投资者及其他数据的使用方也可作为监督者，逐步倡导和完善 ESG 数据鉴证机制，促进物流企业

利用第三方鉴证机构对其自身和产业链合作伙伴的 ESG 表现和信息披露进行独立评估，以提高 ESG 报告的准确性和可比性。

第二节 评级体系保障

评级体系在推动 ESG 发展方面发挥着关键作用。它通过评估和量化企业和组织在 ESG 领域的表现，为投资者和利益相关方提供了一个可靠的参考标准。评级体系鼓励企业提高 ESG 绩效，加强透明度和问责制，并促进资本流向那些在可持续发展方面表现出色的实体。同时，评级体系也提供了一种标准化的方法，帮助投资者和利益相关者更好地理解和比较不同实体之间的 ESG 表现，推动整个市场向更可持续的方向发展。

目前各 ESG 评级机构往往依赖自身独特的评估体系来确定 ESG 分数，ESG 评分体系呈现多元化的特点，同一公司的评分在不同评级机构的评分体系下可能存在显著的差异性。部分企业也反映 ESG 评价缺乏统一的评估视角，各评估机构对不同项目的关注重点存在差异，这在信息披露和问卷回答过程中形成了额外的负担。缺乏相对统一的评价标准和计算方法对 ESG 评价的透明度产生了负面影响。这种情况导致投资者和其他利益相关方难以全面、准确地理解和比较企业的 ESG 表现和风险。只有积极应对及规避以上问题，评级体系才能更好地发挥其引导作用。

一、提高 ESG 评级透明度

ESG 评级及服务机构可以通过提高其业务流程的透明度来推动 ESG 评价的透明化。评级及服务机构需要在其网站或其他公开平台上详细介绍其 ESG 评价的方法，并解释其评价方法的理论基础和实证依据，以增加其评价的可信度。同时，作为评级结果的基础，建立和维护透明可信的 ESG 数据库也同样重要。除了从可靠的来源获取数据，还需要对数据质量进行严格把控，并保证数据的及时更新，以及对评级使用数据的长期维护及保存，从而提升评级的透明度及可信度。

二、降低 ESG 评级差异性

ESG 评级及服务机构可以通过提供评级对比及分析服务，以及定期审查和更新评价方法降低自身 ESG 评价差异性的影响。ESG 专业服务机构可以通过详细的评价报告，提供更多的信息帮助企业理解和应对 ESG 评级的差异性。例如，评价报告可能包括企业的 ESG 风险和机会、使用的数据和方法，以及如何解释这些结果。这将有助于投资者和其他利益相关者做出更明智的决策。此外，定期审查和更新评价方法与降低 ESG 评价差异性有着密切的关系。机构可以通过定期审查和更新评价方法确保 ESG 评价能够反映最新和最全面的 ESG 风险和机会，机构自身也能及时了解和反映 ESG 领域的最新发展和趋势。企业、投资者和其他利益相关者是 ESG 评价的主要用户，他们的需求和期望对 ESG 评价有着重要影响。通过与利益相关者进行定期的沟通和咨询，ESG 专业服务机构可以发现各利益相关方普遍的需求和期望并迎合其需求，从而降低评价差异。

三、加强数据提供的全面性

提供更多、更全面、更准确的 ESG 信息是降低评价差异性的关键。物流企业需要定期发布全面、准确和透明的 ESG 报告，以提供给 ESG 专业服务机构进行评价的数据。这些报告应包括企业 ESG 政策、实践和绩效数据，以及如何管理相关的风险和机会。目前，由于缺乏统一的跨行业的 ESG 报告标准以及具有物流行业特色的 ESG 披露框架，物流企业在披露 ESG 信息时参考多元的 ESG 报告标准，部分标准可能不一定适配物流行业，这就导致了评价机构在解读和理解这些信息时可能会存在差异，从而影响评价结果的一致性。随着 ISSB 披露准则的不断完善，物流企业可以将 ISSB 披露准则等国际通用标准作为 ESG 报告编写的依据，使不同评级机构在收集和分析数据时保持相对统一的思路。

四、发挥行业组织的引导作用

物流行业组织可以扮演引导者的角色，帮助评级机构制定适用于物流行业的 ESG 评价方式，推动 ESG 评价体系朝着专业化方向发展。物流行业组织通过与评级机构建立合作关系，为评级机构提供物流行业的专业知识，而评级机构可以贡献其在 ESG 领域的专业知识、数据和评价经验。通过紧密合作，双方可以制定出切实可行的、准确反映物流行业特点的 ESG 评价方式，为企业、投资者和其他利益相关方提供更有针对性和可比性的 ESG 评估结果。另外，物流行业组织还可以深入识别和理解本行业面临的关键 ESG 问题，基于这些问题设定物流行业的 ESG 目标和具体绩效指标，并定期公布行业的 ESG 发展进程，为物流企业提供参考，促进形成行业协同效应，提升物流行业的 ESG 整体表现。

第三节　投融资保障

以物联网、人工智能、大数据、区块链等前沿科技驱动的"纯绿"物流解决方案吸引了众多投资者的关注。同时，高碳的"棕色"物流环节也亟须大量转型资金来支持低碳转型。在物流行业的绿色转型中，金融机构首先要能识别新型融资需求，同时拓宽投资视角、升级投资研究体系，在此基础上才能设计出符合物流企业转型需求的产品方案，为物流企业提供资金保障并从中获得可观的投资回报。

在发掘物流企业的绿色和转型融资需求时，金融机构应从企业所处产业链位置、地理区域特征、具体项目融资需求、监管机构的政策目标等场景出发，根据企业当前经营和 ESG 发展状况，找出企业与可持续发展目标之间的差距，从而探索潜在的绿色融资需求。对企业提出的具体的绿色融资要求，金融机构要收集转型项目的信息，了解项目规划，并明确资金的用途。为降低涉及"漂绿"的风险，金融机构需依据主流标准来判断物流企业或者项目是否属于转型或者绿色。例如，气候债券倡议组织（CBI）总结，可信的气候转型有五个特征：目标与《巴黎协定》一致；健全的计划；切实实施行动；内部监督；外部报告。

通过总结物流企业不同的融资需求，金融机构可以刻画出具有不同特征的客户画像，并将客户进行分类，以此来制定满足不同层级需求的融资产品。根据清华大学绿色金融发展研究中心的研究，物流企业可以获得的绿色金融产品主要有绿色信贷、绿色债券、绿色资产支持证券、绿色私募股权基金、绿色不动产投资信托基金、可持续发展挂钩债券或贷款。下面将这几类产品归纳为信贷、债券和股权三个融资渠道来讨论。

1. 信贷

绿色信贷是成熟的绿色金融产品，银行根据国内外主流的绿色行业评判标准，为满足绿色信贷目录要求的物流企业提供绿色贷款。然而，在实际执行过程中，因为中小微和民营企业的经营稳定性不如大型和国有企业，违约概率高，银行为降低风险，通常要求中小微和民营企业增加担保或者抵质押来增信，加大了企业获得绿色贷款的难度，也令企业难以获得理想的贷款额度和利率。

当前，供应链金融是一种能够为中小微企业开辟融资新渠道的金融服务。北京绿色金融与可持续发展研究院等三所机构联合发布的一份报告总结了国内外供应链金融支持绿色和普惠金融的案例。这些案例的特征是银行依托供应链核心企业的广泛影响力和优秀信用情况，与核心企业共同建设一体化融资服务方案来满足上下游产业链的融资需求。在绿色认定和贴标方面，银行参照核心企业对供应商的 ESG 标准，例如包装材料的回收比例和温室气体减排成果，满足 ESG 要求的核心企业供应商可申请绿色供应链融资计划。

2. 债券

绿色债券也是较为成熟的绿色融资工具，承销商依据我国的《绿色债券支持项目目录（2021 年版）》，帮助满足要求的企业发行人发行债券。但如前文所述，物流行业的可持续融资参考体系还有待完善，绿色债券标准还未能对物流行业的关键绩效指标和最低满足要求提出详细要求。此外，2022 年我国发行的贴标绿债中，仅 55% 的债券满足气候债券倡议组织的绿债定义，这说明我国的绿色债券标准要尽快与国际接轨。在制定政策层面，我国监管机构应与国际标准制定机构沟通和合作，建立符合中国国情、能够获得国际社会认可、具有物流行业特点的绿色债券标准体系。在落地实施方面，金融机构和第三方评估机构要加强绿色物流项目属性的评估和认定能力，确保募集资金流向绿色和转型项目，提高我国绿色债券市场的公信力。

近年来绿色资产支持证券快速发展，据惠誉博华信用评级有限公司的统计，2022 年绿色资产支持证券发行金额达 2106 亿元人民币，同比增长 68.9%。作为资产证券化产品，绿色资产支持证券通过将多个小型绿色融资项目打包成一个标准化产品，让投资者可以按照自身风险和回报偏好，认购标准化产品内不同风险层级产品。小型项目通常因为规模小和融资需求可见度低而导致融资难，而绿色资产支持证券通过统一打包的产品形式解决了这样的问题，为诸多小型的绿色物流项目赢得了更多投资者的关注，降低了项目的融资成本。

此外，可持续发展挂钩债券（SLB）作为一种新型的绿色债权工具，也为物流企业提供了融资新渠道。SLB 不要求募集资金明确用在环保和社会项目上，物流企业可以将资金用在一般的经营用途中，将利息成本与预先界定的可持续发展绩效目标相挂钩。根据标普的分析，当前 SLB 大部分挂钩一个关键绩效指标，环境类绩效指标占绝大多数。SLB 之所以能对企业的可持续发展起到激励作用，在于 SLB 的定价机制具有奖励和惩罚机制。如果企业完成了预定的 ESG 绩效目标，就可以获得利率下调的优惠。如未能完成 ESG 绩效目标，则会面临利率上调带来的融资成本上升的惩罚。

3. 股权

物流企业降碳转型是一个长期过程，其间涉及大量资本投入来支持自主研发物流技术、配置清洁能源设备、战略投资绿色物流技术初创企业等。转型的不确定性高、成果显现的周期长、具有高风险等特性，令追求低风险的债权投资者望而却步。绿色私募股权基金投资人偏好预期回报率高，对投资期限长和风险系数高的项目有很好的承受能力，是支持物流企业长周期转型的重要力量。同时，绿色私募股权基金又能利用自身 ESG 专业领域知识为企业赋能，帮助物流企业达成可持续发展的目标。

虽然绿色不动产投资信托基金（REITs）在我国的发展历史较晚，但它作为物流行业的一种新型绿色融资渠道具有巨大潜力。REITs 具备二级市场流动性，大幅降低了不动产投资门槛，并且投资者的资金直接流向项目。其主要投资回报来自租金收益，具有稳定性高且较债券利息收入更高的特点，对于那些风险承受能力相对较低但寻求高预期收益率的投资者来说吸引力较强。在首批公募 REITs 亮相后不久，国家发展改革委在 2021 年的 958 号文件中将物流和供应链行业的多个领域纳入了 REITs 试点范围，包括交通基础设施和仓储物流基础设施。这一举措进一步促进了 REITs 在物流行业的应用，为投资者提供了更多的投资机会，同时也为物流行业的可持续发展提供了资金保障。

第五章 物流与供应链企业 ESG 实践

第一节 中国外运股份有限公司

中国外运股份有限公司（以下简称"中国外运"）是招商局集团物流业务统一运营平台和统一品牌。2003 年 2 月 13 日在香港上市，2019 年 1 月 18 日在上海上市，是"A＋H"两地上市公司。根据 Armstrong & Associates, Inc. 2023 年发布的榜单，中国外运在全球货运代理居全球第五，全球第三方物流居全球第六。中国外运以打造世界一流智慧物流平台企业为愿景，聚焦客户需求和深层次的商业压力与挑战，以最佳的解决方案和服务持续创造商业价值和社会价值，形成了以专业物流、代理及相关业务、电商业务为主的三大业务板块，为客户提供端到端的全程供应链方案和服务。

一、中外运物流宁波低碳智能化园区

（1）中外运物流宁波有限公司（以下简称"公司"）本部位于浙江省宁波市北仑保税南区九龙山路 1 号，占地 238 亩，分部位于宁波梅山保税港区欣港路，占地 126 亩。公司主营业态包括保税和非保税仓储、跨境电商、特色多温层冷链、公铁水路运输、城市配送等。

（2）公司联合上海交通大学打造碳数据管理工具"外运碳宝"，实现了园区内各碳排放数据和碳资产数据的精准管控，通过上线 80 多个智能电表与外运碳宝数据联动，对 1 个办公大楼、8 个库区和场地、78 个设备耗电情

况进行实时监控，做到了能耗精细化管理，及时发现能耗优化点，更好地减少园区碳排放。

（3）目前公司建设光伏屋顶共计 34000 平方米，园区年用电量约为 100 万 kW·h，其中光伏电使用比例约占 60%，其余使用国网市电。

（4）通过多项物流前沿自动化创新技术及设备的运用，包括高密度自动化立体库、智能搬运机器人、跨境电商料箱式货到人自动化仓库、数字孪生技术、智能穿梭车、AI 视觉识别技术等为快消品提供了一套自动化、智能化的解决方案，并成功地应用到了实际的业务操作中（见图 5-1）。且在收、存、拣过程系统自动过账，保证了信息准确及时，减少了纸张用量，达到节能减排的效果。

图 5-1 "自动化、智能化"下的实际业务操作管理

（5）公司于 2023 年 9 月联合第三方检测机构 SGS 完成了"碳盘查"和"碳核查"工作，分别从柴油汽油、冷媒逸散填充、甲烷逸散填充、外购电力、除锈剂等排放源（主要含范围一和范围二）进行数据核查，根据 SGS 最终出具的核查报告，2022 年 9 月至 2023 年 9 月期间排放 605.5 吨二氧化碳当量。

（6）"双碳"数字化园区建设，契合党和国家提出的"双碳"战略目标，同时结合数字化建设，为区域供应链升级起到了推动和示范作用。具体而言，数字化产品提高和优化了运营决策的实时性和科学性；自动化建设提高了生产效率和准确性，减少了人工成本，从而达到提质增效的目的；"零碳"园区的打造将节省供应链整体能耗，利于企业打入高端品牌客户。

二、总结

中国外运在 ESG 方面的策略、实践及成效，展示了集团秉承"为客户创造价值，为员工创造机会，为股东创造回报，为社会创造福祉"的企业宗旨，在坚持可持续发展的同时致力于履行企业社会责任。截至 2023 年中国外运已发布十份《社会责任暨环境、社会及管治报告》。中国外运以打造世界一流智慧物流平台企业为愿景，聚焦客户需求和深层次的商业压力与挑战，以最佳的解决方案和服务持续创造商业价值和社会价值，形成了以专业物流、代理及相关业务、电商业务为主的三大业务板块，为客户提供端到端的全程供应链方案和服务。中国外运坚持可持续发展，促进企业、社会与环境的和谐发展。中国外运坚信，积极履行社会责任是良好企业的基本素质，既是顺应经济社会发展趋势的外在要求，也是提升企业可持续发展的内在需求。中国外运积极践行 ESG 理念，将安全生产、员工健康、节能环保、企业文化等 ESG 管理融入企业日常经营管理中，促进企业与社会的和谐共进。

第二节　宝供物流企业集团有限公司

可持续发展已经成为物流行业重要的发展方向，物流企业可利用 ESG 实施可持续发展战略，提升自身竞争力，促进绿色物流技术发展，支持产业链上下游有效协作，实现社会经济发展双赢。宝供物流企业集团有限公司（以下简称"宝供物流"）作为中国物流行业领军企业，从创立之初就一直在践行可持续发展理念，注重 ESG 全方位可持续发展。2019 年，宝供物流入选中国物流与采购联合会绿色物流分会会长单位。

为推动绿色物流行业发展，宝供物流深度参与制定《物流企业绿色物流评估指标》。根据《国家发展改革委办公厅关于印发 2020 年推荐性物流行业标准项目计划的通知》（发改办经贸〔2020〕868 号），由中国物流与采购联合会绿色物流分会牵头起草制定的物流行业标准《物流企业绿色物流评估指标》顺利通过立项审定，并列入国家发展改革委办公厅 2020 年推荐性物流行业标准项目计划。《物流企业绿色物流评估指标》是一项贴合我国物流行业实际情况、可落地性和指导性较强的行业标准，可以对企业物流绿色发展水平进行系统、客观、公正的评估，该标准将为评价企业绿色物流发展水平提供技术支持，为政府部门制定推进绿色物流的相关政策提供决策依据。宝供物流作为排名第二的编制起草单位深度参与了该标准的制定工作，该标准已于 2023 年 7 月 7 日获得国家发展改革委批准发布，2023 年 8 月 1 日开始实施。

多年来，宝供物流在物流领域 ESG 可持续发展方面做了全方位探索和实践，以下列举一些企业可持续发展的成功做法和案例。

1. 在环境（E）方面

宝供物流始终坚持绿色化运营的理念与实践，基于环境战略的基本要素，对运营的重点环境领域如基地等仓储环境、运输环境等制定能源、设备、管理等绿色目标并持续推进执行。例如，将 ISO 9001、ISO 45001、ISO 14001 等保障系统融汇于一体，共同构建宝供物流高质量的质量保证体系；全面使用电动叉车作业，实现了 100% 电动叉车普及化，部分园区使用 AGV 自动导引运输车；利用 RF 操作，每月约减少 45 万张 A4 纸打印量；研发和推行智能调度系统安排车辆，减少空驶和能耗，供应链控制塔技术实现端到端可视化，可更好管控车辆在途，提升车辆周转效率；为客户定制和推行公铁联运等多式联运绿色低碳运输业务，减少运输成本达 25%。项目成果"支撑多式联运的智能物流一体化服务平台建设项目"被广东省交通厅和广东省发展改革委联合授予"广东省多式联运示范工程"荣誉；推行"货笼"使用，减少仓储面积，提高运营效率；另外宝供物流还在运营管理过程中积极推广 LNG 车替代柴油车，减少大气污染，可降低约 30% 二氧化碳排放量；

推行可循环使用单元化物流包装；固定使用可循环的魔术带减少缠绕膜的使用等。

同时宝供物流在绿色物流等方面的创新应用与实践获得行业高度认可，中国物流与采购联合会绿色物流分会授予宝供物流"绿色物流创新引领企业"荣誉。

2. 在社会（S）方面

1997 年宝供物流率先在国内物流行业实践应用互联网技术建立宝供物流信息系统，开启中国现代物流信息化先河。经过 20 多年的发展，宝供物流已建成基于大数据、物联网、区块链、SaaS 等底层技术能力支持，覆盖多个智能应用场景的供应链系统大生态。宝供物流在流程、数据和应用三个层面搭建一体化的数字化整体架构，实现从生产端到消费端关键触点的数字化。基于数字化供应链的全场景全面覆盖，通过数据赋能客户实现供应链可规划、可预警、可预测；全面提升订单的相应速度及运营效率、效果；实现服务过程可视、可控、可追溯，保障运营服务水平稳定。

宝供物流建成了以供应链资源对接交易为核心的"互联网＋供应链"管理示范新业态新模式，研发智能供应链管理 SaaS 软件产品，实现业务数据标准化、全渠道下单便捷化、全程跟踪透明化、运输管理智能化的供应链通用解决方案，技术上达到国内先进水平。

其中，宝供智慧物流监控系统平台是基于宝供物流承接跨国公司客户供应链一体化业务构建的，主要针对供应链一体化业务中的仓储和运输环节进行业务全生命周期的监控。系统集成了订单管理、仓库管理、运输管理、预约管理、资源协同、车辆轨迹、移动应用、服务质量八大服务功能，采用了微服务架构、智能 App 小程序、实时定位数据跟踪、ETL、大数据 AI 算法指标监控等先进互联网技术手段，实现运作作业互联网操作、对货物全程信息化跟踪、仓储和运输实时运作指标监控等内容（见图 5－2）。

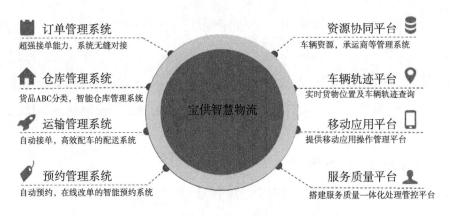

图 5-2 宝供智慧物流监控系统平台

系统平台通过智能 App 小程序把发货客户、收货客户、运输承运商、运输司机、中转站操作人员等外部合作伙伴纳入整个供应链运作环节中来，实现信息互联互通、共享共用的模式，极大地方便了各个环节的内外部人员操作，显著提高了信息数据的效率。同时通过对作业数据的实时 ETL 抽取清洗，以及与 G7 卫星定位 GPS + GIS 数据对接，把各项数据归集到数据中心，通过大数据 AI 算法统计出各项核心关键运作指标，通过监控中心大屏以及定时报表发送到客户手机、邮箱等方式展示给监控人员和客户，运营人员通过这些展示数据运用指标分析、及时预警、KPI 考核等多种手段，保障了项目运作质量，压缩了异常情况处理时效，显著提升了客户满意度。该项成果被中国物流与采购联合会授予"物流技术创新奖"。

在系统平台强力支撑下，宝供物流面对 2020 年新冠疫情突发情况顺势而为推出了服务制造业客户的"无接触物流"运营模式：通过一站物流商城线上下单，预约上门提货，在途运输透明化、到货线上反馈，电子回单，线上付款。让制造业客户无接触快速下单、运作，尽量减少中间环节，减少病毒传播机会，为打赢抗疫战贡献物流人的绵薄之力。"无接触物流"实践了以供应链资源对接交易为核心的"互联网 + 供应链"管理示范新业态、新模式。

2020 年，宝供物流被中国物流与采购联合会授予"全国物流行业抗疫先进企业"。该项成果还通过示范应用于 2021 年入选国家发展改革委"物流业制造业深度融合创新发展典型案例名单（50 个）"，入选案例名称为"智慧物流监控平台为制造业客户提供数字化智慧物流服务创新案例"。

宝供物流作为国内物流行业领军企业，坚持以推动行业进步为己任。2000 年宝供物流率先在业内创立了社会化公益性奖励基金"宝供物流奖"，每年斥资百万奖励物流领域卓越贡献人才；2004 年起，该奖励基金被纳入"光华科技基金会中国物流发展专项基金"。

宝供物流奖截至 2021 年累计为我国 33 所高校约 700 多名优秀学生提供了支持，成为高校最具影响力的奖学金项目之一，为我国物流专业建设作出了积极的贡献。

中国物流技术与管理发展高级研讨会是由宝供物流于 1997 年在业界率先发起并主办，每年一届，它汇聚了中国供应链物流界"官、产、学、研"各路精英，分享国内外先进的供应链物流理念，推广现代供应链物流技术的应用，探索供应链物流最佳实践，解决供应链物流实践中出现的问题，展望中国供应链物流的发展趋势，提炼与传播供应链物流的经验与知识，从而更好地完善企业的供应链物流体系，引导和推动中国现代供应链物流业的发展。它以其前瞻性、实践性强等特点成为国内极具影响力的供应链、现代物流管理交流平台和国内极具权威的现代供应链物流高级研讨会。

2021 年在碳中和、碳达峰的"双碳"目标大背景下，第 25 届"中国供应链技术与管理发展高级研讨会"以"探索低碳融合发展，构建绿色数智供应链"为主题在广州举行。国家高端智库、世界 500 强企业与国内知名品牌企业 300 多名精英齐聚羊城出席了此次盛会，探讨为实现低碳构想融合数字技术和智能技术，构建绿色供应链体系，共创低碳未来。

基于宝供物流为推动行业发展进步作出的突出贡献，中国物流与采购联合会授予其"改革开放四十年物流行业代表性企业"，宝供物流董事长刘武先生也同时被评为"改革开放四十年物流行业企业家代表性人物"。

3. 在治理（G）方面

宝供物流主要客户为世界 500 强跨国企业和国内制造业、流通业龙头企业，企业一贯重视商业道德、反腐倡廉、加强监管，杜绝腐败等行为，并落实到企业文化（见图 5 - 3）建设中。

□公司发展理念
　开放、合作、包容、共创、共享

□公司价值观
　1）用户价值：是我们存在的基础，是我们业务发展的根本保障。
　2）主人翁精神：是我们企业持续发展的原动力。
　3）正直负责：是宝供人生存发展之根本。
　4）开拓创新：是适应市场环境、满足客户需要的法宝。
　5）合作共赢：我们才会有力量，才会有良好的工作环境。
　6）注重效果：良好的工作效果才能达成我们的目标，才能不断地发展壮大。

□公司价值观
　正直负责
行动指南
　1）树立正直负责的人生观，坦率待人，敢于和善于表述自己的观点。
　2）在工作中坚持以公司的价值观、工作原则为出发点，正确履行自己的职责，尽责尽心尽力。
　3）如实反映各种问题，努力学习新思维、新方法，更好地解决问题。
　4）在做决定或建议时坚持以数据和事实为依据。
　5）对违法乱纪行为是敢于抵制，并坚决制止。

图 5 - 3　宝供企业文化

在人力资源发展方面，企业对人才吸引力较高；能给予人才成长空间和合理激励，能长期留住核心人才。通过为广大客户提供优质高效和严谨规范的运营服务，宝供物流获得客户高度认可。例如，2021 年壳牌中国授予宝供物流"客户为先优秀团队"奖。2021 年，宝供物流入选商务部等八单位评选的"第一批全国供应链创新与应用示范企业名单"。

宝供物流作为物流行业领军企业，今后将继续坚守和深耕可持续发展道路，努力为推动行业发展作出新的贡献。

第三节　日日顺供应链科技股份有限公司

日日顺供应链科技股份有限公司（以下简称"日日顺供应链"）成立于 2000 年，脱胎于原海尔集团物流服务部，先后历经了企业物流→物流企业→物流平台多个发展阶段。经过 20 多年发展，通过建设"科技化"基础物流能力、"数字化"供应链管理能力、"场景化"场景服务能力，成为中国领先的供应链服务方案提供商。日日顺供应链业务覆盖家电、家居、汽车、光伏、快消、冷链、跨境、健身、出行等众多行业领域，2022 年实现服务收入 168.47 亿元。近年来日日顺供应链牵头"智慧物流管理与智能服务关键技术"国家重点研发计划，实施国家发展改革委两业融合发展项目。

一、智慧绿色物流技术推动供应链服务高质量发展

日日顺供应链为行业领先的供应链一体化服务企业，服务能力涵盖制造供应链和流通供应链领域的多个行业，服务网络触及全国城乡地区。日日顺供应链以科技化运营、数字化管理和场景化服务为发展战略，提供从前端零部件 VMI + 管理→厂内智慧物流规划实施→成品云仓智配的一体化供应链服务。

技术是第一生产力。为推动企业持续高质量发展，日日顺供应链十分重视智慧绿色物流技术的开发和应用。自主开发实施了覆盖供应链全流程管理的数字化管理系统，投资建成居家大件智能无人仓集群，积极推广应用绿色物流技术，在完善企业管理标准的基础上牵头制定了系列国际标准和国家标准，推动企业高质量发展。

二、日日顺供应链践行 ESG 情况

1. 智慧绿色物流技术应用——智慧物流技术研究应用及建设智能仓集群

针对我国物流领域运输多方式、协同运行效率低、集成服务不足等突出问题，日日顺供应链联合中科大、西南交大、华为、海康机器人等 18 家单位，进行了从理论方法到技术装备的系统研究。研究提出了智慧物流组织模式与管理创新机制和基于移动互联环境下物流供需能力动态辨识、分析预测、供需匹配等理论方法，研发了基于物联网和北斗系统的物流快速识别跟踪与优化调度、能耗控制优化、城乡共同配送、无人配送等关键技术，研制了智慧物流智能化、生态化、无人化系列成套装备。项目组织实施了海尔洗衣机工厂、海康威视桐庐工厂、青岛新前湾

集装箱自动化码头、日日顺智能无人仓等多场景下的智慧物流技术集成应用示范。

基于企业科技化、数字化发展战略驱动，依托国家重点研发计划成果，持续深化供应链一体化服务能力，日日顺供应链近年来研究和规划实施了工厂零部件 VMI＋平台服务模式，持续创新应用智慧云仓、智慧运输等智慧物流管理方案，自主开发实施了覆盖供应链全流程管理的数字化管理系统，投资建成居家大件智能无人仓集群。

通过智慧物流技术方案创新实施、智慧物流平台能力建设和智能仓核心设施建设，日日顺供应链提升了全流程服务管理能力和资源调度管理能力，在需求响应、物流资源供需匹配、仓储管理和运输管理数字化、智能无人化运作等方面的能力显著提高。系列智慧物流技术方案的开发应用，提高了物流资源调度效率，减少了各类物流资源需求和能源消耗，减少了人工投入，降低了货损风险和人员安全风险。以居家大件智能仓建设为例，日日顺供应链已在青岛、佛山、合肥、杭州、南昌等地规划、实施和运营了八座智能仓，可为海尔智能工厂提供零部件集中管理和供给服务，为居家大件客户提供高质量仓储物流服务。日日顺智能仓涵盖巷道式高位立体仓储、智能穿梭车密集仓储、AGV 移动货架仓储等多种类型。智能无人仓应用传感技术、物联网、边缘计算、云计算、机器视觉、人工智能、自动化等多种技术，使用移动机器人、智能穿梭车、DWS 多维扫描站、关节机器人、桁架机械手、智能输送带、堆垛机、提升机等多种智能设备，通过智能仓储系统和智能控制系统进行集群调度，实现智能仓作业全流程无人化协同作业。日日顺供应链同时开发应用数字孪生可视化管理系统，对智能仓进行可视化管理。

与传统仓相比，智能仓的仓储利用率提升了 3 倍以上，出入库作业效率提升 50% 以上，库存准确率为 100%，产品实现零货损。智能仓可以在全天黑灯作业，不需要作业人员投入，可节约大量照明能源，减少人工作业排放。例如，日日顺供应链即墨智能仓，日处理订单高达 24000 件，等同于 40～50 人在 6 万平方米仓库的工作量，大幅提高了作业效率，减少了作业排放，空间使用相比平面库提升了4倍。

2. 绿色物流技术应用探索

（1）分布式光伏发电系统

日日顺供应链重视节能减排，倡导绿色物流，在智能仓建设中积极推广分布式光伏发电系统，布设太阳能电池板，将太阳能转换为直流电，再通过并网逆变器转换为可用的交流电，供仓库直接使用或输送至国家电网。

目前建成的佛山日日顺仓库物流中心厂房屋顶光伏项目，年发电小时数在1500小时左右，年均发电量1300000kWh，约减少1200000kg碳排放。

（2）新能源车及无人驾驶车辆技术应用

日日顺供应链与北汽福田、五菱汽车、一汽解放等建立战略合作，在城市货运领域推广使用纯电动货车等绿色新能源车辆，提供车辆定制、分期付款、融资租赁等多种优惠购车方案，推动新能源车辆的应用普及。2023年日日顺供应链与宁德时代旗下"骐骥换电"开展战略合作，探索在干线运输领域使用换电重载卡车，推动公路干线运输载具电动化，共同推动绿色物流体系建设。

（3）循环包装箱和电子面单等技术应用

日日顺供应链在全流程供应链服务中，应用数字化管理能力实现订单流驱动的全流程电子化运营，减少了纸质面单的使用。

在工厂制造各类零部件JIT配送服务、电动自行车配送安装服务等场景中，日日顺供应链设计开发和应用了可折叠、可回收的绿色循环包装箱，减少了纸质包装箱的使用。

3. 持续开展应急救灾、公益配送活动

"你需要，我送到"是日日顺供应链对客户和用户的庄严承诺。回馈社会、关爱社会，是日日顺供应链对企业社会责任的践行与担当。秉承追求自身超越与社会共同发展的社会责任理念，日日顺供应链时刻关注社会需求。

在新冠疫情、地质灾害和公益配送等需求面前，日日顺供应链的身影从未缺席。在新冠疫情发生之初，日日顺供应链通过捐助物资、成立救援物资运输小组、搭建国际救援物资快速运输平台等方式，整合全球生态资源投入抗疫一线，成为行动最早的企业之一；河南洪灾发生后，日日顺供应链发布救援物资免费物流服务公告，开放河南当地网点、仓库，提供物流服务和便民救助服务；在社会公益组织向西部山区小学捐赠物资需要物流支持的时候，日日顺供应链即时提供公益服务，跨越 1700 公里将爱心捐赠物资送达甘肃省定西市乡村学校。

三、数字化、标准化提升公司治理能力

日日顺供应链提升数字化、标准化管理和运营能力，实现公司持续和高质量发展。日日顺供应链累计梳理完善了两百余项企业标准，开发了标准流程管理系统平台。近年来，日日顺供应链牵头制定国际标准 2 项、国家标准 2 项、行业标准 2 项、团体标准 3 项，联合制定国家标准等多项。通过数字化和标准化管理运营，日日顺供应链构建并管理覆盖全国、送装同步、到村入户的稀缺物流服务网络。截至 2022 年公司运营约 900 座仓库、超过 15000 条干线运输线路、近 18 万辆运输车辆以及近 5000 个服务网点在内的基础设施及服务资源。可根据客户在采购、生产制造、消费流通环节对于供应链服务的需求，向客户提供全流程一体化供应链管理服务。同时公司规划布局全球物流网络，打造了包括空运、海运、铁路及多式联运在内的全球物流服务能力，以解决客户在全球业务拓展的过程中对于跨境供应链管理及运输服务的需求。经过持续稳定发展，公司成为行业内少有的覆盖采购、生产制造、线上线下流通服务、跨境及末端用户服务场景的端到端供应链管理服务企业。

ESG 是企业进行自我评价的重要标准，在进行 ESG 自我评价时，日日顺供应链通过其在环境保护、社会责任和公司治理方面所作出的努力和取得的成果，并结合行业标准进行评估。

日日顺供应链进行 ESG 自我评价的重要影响因素如下。

1. 行业影响

日日顺供应链积极研究应用智慧绿色物流技术，积极践行绿色发展方式。通过智慧物流技术方案创新实施、智慧物流平台持续建设、智能仓核心设施建设、光伏系统布设、循环包装箱和电子面单等绿色技术应用，提高了物流资源匹配和调度效率，减少了物流资源的投入，减少了能源消耗，减少了自然资源和人力资源的投入和使用，降低了货物损伤和人员安全风险，打造了多方共赢的智慧物流生态，助力行业转型升级。日日顺在智慧物流和绿色物流技术的创新和实践，得到了国家和行业认可，为行业绿色可持续发展提供了可借鉴的案例。

2. 社会影响

日日顺供应链秉承自身发展与社会共同发展的社会责任理念，践行企业社会责任，时刻关注社会需求。新冠疫情发生后，日日顺供应链全力调配运力资源，免费为疫区开通持续救援物资运输通道和物流服务，累计为武汉及全国其他区域 706 家医院及组织提供服务，送达医疗设备、防护服、护目镜、口罩、家电等物资 35 万余套/件。日日顺供应链践行回报社会、共同发展的理念，多年来积极提供公益服务，创造了良好的社会效益和社会影响力。

今后，日日顺供应链将更加全面践行 ESG 发展理念，尤其是在建立公众信任关系、增强企业的品牌和社会形象等方面，进一步统筹规划和实施。

第四节 联想集团

联想集团（以下简称"联想"）是一家成立于中国、业务遍及 180 个市场的全球化科技公司。联想聚焦全球化发展，持续开发创新技术，致力于建设一个更加包容、值得信赖和可持续发展的数字化社会，引领和赋能智能化新时代的转型变革，为全球数以亿计的消费者打造更好的体验和机遇（见图 5-4）。作为全球智能设备的领导厂商，联想每年为全球用户提供数以亿计的智能终端设备，包括电脑、平板、智能手机等。2022 年联想 PC 销售量居全球第一。作为企业数字化和智能化解决方案的全球顶级供应商，联想积极推动全行业"设备＋云"和"基础设施＋云"的发展，以及智能化解决方案的落地。目前，联想核心业务由三大业务集团组成，分别为专注智能物联网的 IDG 智能设备业务集团、专注智能基础设施的 ISG 基础设施方案业务集团及专注行业智能与服务的 SSG 方案服务业务集团，在全球约有 77000 名员工。2022—2023 财年，联想的整体营业额已达 4240 亿元人民币。

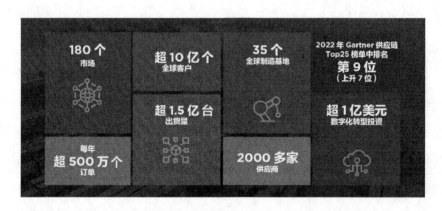

图 5-4 联想集团 2023 年全球供应链概况

一、联想物流低碳实践

联想认识到应对气候变化是当今时代一项重要、紧迫且备受社会关注的全球环境议题。气候相关风险以及向低碳经济的预期转型，会对公司及公司所处的生态系统产生影响。积极应对气候变化的重要性日益凸显。

因此，联想以 ESG 为引领，将创造社会价值作为公司穿越周期的压轴支柱，从服务于国家、行业、民生和环境四个方面出发，以科技创新赋能，持续创造价值。联想在 ESG 领域的实践已近 20 年，注入了鲜明的联想特色，即坚持绿色环保、社会公益、合规治理。在绿色环保方面，将其融入公司业务流程、战略方向和决策制定中。

二、勇当绿色低碳实践先锋

作为一家负责任的全球化企业，联想深耕数字化和智能化，做低碳转型的先行者与技术赋能者，有步骤、分阶段削减全球范围运营和价值链的碳排放量，携手上下游伙伴迈向"零碳未来"。

（1）从 2006 年开始收集、测量并报告各办公场所的温室气体排放量。

（2）连续 16 年就可持续发展的关键议题发布报告，并在 2020 年升级为 ESG 报告。

（3）从 2010 年开始实施全面长期的气候变化战略，设定温室气体减排目标，10 年间 3 次迭代气候变化目标。

（4）2021 年将温室气体减排目标上升至集团关键绩效指标考核的高度。

（5）2023 年，正式发布 2050 净零路线图，成为中国首家通过科学碳目标倡议组织（SBTi）净零目标验证的高科技制造企业。

三、环境管理体系（EMS）

联想按照环境管理体系（EMS）的规定，管理业务过程中的环境事务，涵盖联想电脑产品和设备、数据中心产品、移动设备、智能设备、配件及融合网络设备在全球的产品设计、开发及生产制造活动（包括分销、订单交付及内部维修）。联想子公司或附属公司的相关活动也包括在内。联想环境管理体系（EMS）覆盖范围内的所有场所均已获得环境管理体系标准（ISO 14001：2015）认证。在联想的 EMS 框架内，公司每年都通过使用包括联想企业风险管理（ERM）流程输入数据的方法进行重要环境因素评估流程，以识别并评估其运营对环境实际产生或存在潜在重大影响的因素。联想已为这些重要环境因素设立指标及监控措施，并持续追踪和汇报与这些指标相关情况。联想每年都会对所关注的环境因素设立绩效目标,并将考虑环境政策、合规要求、客户要求、利益相关方意见、环境及财务影响以及管理层指导等方面。

2022—2023 财年,联想 EMS 的重要因素包括以下几点。

(1)产品材料,尽可能使用再生塑料及环保材料。

(2)产品包装。

(3)产品能源消耗和排放。

(4)产品生命周期末端管理。

(5)工作场所温室气体排放。

(6)工作场所能源消耗。

(7)供应商环境表现。

(8)产品运输。

(9)废弃物管理。

(10)水资源管理。

四、气候变化

联想深知人类活动影响着气候变化,并认同联合国政府间气候变化专门委员会(IPCC)最新评估报告中的气候科学发现。联想也意识到,倘若对此置之不理,当前气候变化的趋势将带来巨大的经济和社会影响。当下,各方必须采取必要行动来稳定大气层中的温室气体含量并将全球平均气温升幅控制在可接受的范围内。

联想从内外部着手,努力帮助控制并缓解气候变化带来的风险,致力于减少全球范围内业务活动的碳足迹,并通过以下行动践行承诺。

(1)落实公司的气候及能源政策。

(2)执行全面的长期气候变化策略。

(3)制定面向全公司的宏观目标和具体目标,以支持上述政策和战略。

联想的首席法务兼企业责任官负责领导公司的 ESG 工作，包括管理各项应对气候变化的项目。此外，ESG 执行监督委员会（EOC）由首席法务兼企业责任官担任主席，提供策略指导并促进整个公司 ESG 举措的协调，包括对 ESG 项目的有效管理提出建议。ESG 执行监督委员会由来自不同业务领域及职能领域的高级管理人员组成，旨在营造能够促进出色 ESG 表现（包括合规性和领导力）的公司文化。首席法务兼企业责任官定期向董事会及其委员会汇报 ESG 的工作进展，其中包括 ESG 执行监督委员会讨论议题的最新情况。集中讨论 ESG 事宜（包括气候变化），有助于董事会根据影响其利益相关方及业务的长期风险及机遇做出最适当的决策并监督。联想每年至少向董事会汇报一次联想的 ESG 关键绩效指标，包括联想的气候战略及其气候变化减缓目标的进度。

五、科学减排目标和净零排放战略

联想响应科学碳目标倡议组织（SBTi）对企业气候行动的紧急呼吁，承诺通过"企业雄心助力 1.5℃ 限温目标行动"实现 1.5℃ 及净零排放目标，该行动是《联合国气候变化框架公约》（UNFCCC）"奔向零碳"行动的官方合作伙伴。SBTi 是联合国全球契约组织（UNGC）、全球环境信息研究中心（CDP）、世界资源研究所和世界自然基金会之间的合作项目。联想的 2030 年近期减排目标在 2020 年获 SBTi 认证后，率先采用了科学减排方法。就近期目标而言，联想范围一和范围二的减排目标与《巴黎协定》最具雄心的目标一致，即将全球平均气温上升幅度控制在 1.5℃ 内；联想范围三减排目标与 SBTi 提出的高标准吻合，符合当下全球最佳实践。

2023 年 1 月 19 日，联想宣布到 2050 年实现温室气体净零排放的目标通过了 SBTi 的认证。联想的净零目标是范围一、范围二和范围三均实现 90% 的减排。全球首批共 139 家企业净零排放目标得到 SBTi 认证，其中包括联想；而联想在个人电脑和智能手机制造商中，是第一个获得认证的企业。联想的 2050 年长期净零排放目标也与其经 SBTi 认证的 2030 年近期减排目标一致。通过与 SBTi 合作并对标《企业净零标准》，联想正采取科学、协作和负责任的方法来减少排放。对标 SBTi 要求有助于落实企业减排责任；反之，则很难验证或判断净零目标的达成进展。这些目标以 2018—2019 财年为基准年，以 2029—2030 财年为近期目标年，并以 2049—2050 财年为净零目标年。

联想集团参考联合国全球契约组织（UNGC）可持续发展目标（SDGs）、GRI 标准以及港交所《ESG 报告指引》，对 ESG 信息进行披露。作为 ESG 先行者，联想以科技创新驱动，持续在产品的设计、制造、包装各个环节进行绿色升级，打造绿色供应链"五维一平台"，带动行业绿色发展。作为国内最早投身低碳实践的科技企业，联想集团拥有 4 个国家级绿色工厂、百余款绿色产品，并获评"国家绿色供应链"。在物流方面，我们在空运和海运中更多地使用了生物燃料，并通过散装包装等更可持续的运输方式，助力客户自身的可持续发展。目前，联想正在大力推进以服务为导向的转型，我们提供的可持续发展解决方案，包括资产回收和零碳服务，有助于客户参与循环经济并管理其碳足迹。

第五节　隆基绿能科技股份有限公司

成立于 2000 年的隆基绿能科技股份有限公司（以下简称"隆基绿能"），致力于成为全球最具价值的太阳能科技公司。隆基绿能以"善用太阳光芒创造绿能世界"为使命，秉承"稳健可靠、科技引领"的品牌定位，聚焦科技创新，构建单晶硅片、电池组件、分布式光伏解决方案、地面光伏解决方案、氢能装备五大业务板块，形成支撑全球零碳发展的"绿电 + 绿氢"产品和解决方案能力。隆基绿能在中国、越南、马来西亚等国家和地区布局多个生产制造基地，在美国、日本、德国、印度、澳大利亚、阿联酋、泰国等国家设立分支机构，业务遍及全球 150 余个国家和地区。作为全球市值第一的光伏企业，"LONGi"品牌在全球光伏领域的影响力位居前列，组件产品连续三年出货量和市占率位居全球首位。2022 年隆基绿能实现营业收入1289.98 亿元（数据来源：2022 年年报），位居《财富》中国 500 强第 168 位，

《福布斯》全球企业 2000 强第 530 位，2021 胡润中国 500 强第 15 位。在中国品牌建设促进会发布的"2023 中国品牌价值评价信息"中，隆基绿能以 614.16 亿元品牌价值和 917 的品牌价值强度再创新高。

一、隆基绿能可持续发展与 ESG 实践

隆基绿能以"善用太阳光芒，创造绿能世界"为使命，提倡能源公平，致力于以科技的力量用"光"改写能源的未来，让不同因"光"而大同。2023 年，隆基绿能制定 LIGHT 可持续发展理念。我们结合公司发展战略、行业特点、国家发展规划以及联合国可持续发展目标，形成"引领（Lead）""创新（Innovative）""绿色（Green）""和谐（Harmonious）""信任（Trustworthy）"5 项要素。

1. E

绿色发展是隆基绿能的重要战略支柱。自 2016 年起，隆基绿能就开启了绿电发展之路，将绿色清洁能源作为主要收入来源。隆基绿能深刻意识到气候变化将给公司带来的风险与机遇，积极进行业务布局防范风险，拥抱机遇。应对全球气候变化的趋势，隆基绿能坚持"用清洁能源制造清洁能源"的发展模式，推广"绿电 + 绿氢"产品及解决方案，助力全球能源转型。隆基绿能在逐步实现自身生产和运营的绿色环保的同时，通过光伏和氢能产品构建多样的清洁能源获取与储能方案，帮助全球终端消费者获得低成本、可及的绿色能源。隆基绿能将气候风险识别与管理工作纳入风险管理体系，持续开展气候变化风险和机遇的全面识别与评估。在"双碳"目标的驱动下，绿电需求日益高涨，隆基绿能作为全球性的太阳能科技公司，为工业、商业及用户市场客户提供创新性的绿色新能源方案，实现生态与能源的良性互动。2022 年，隆基绿能全系列硅片产品全部通过法国 ECS 碳足迹认证。此次获得的碳足迹认证涵盖了硅片产品全生命周期的碳排放量，包括原料、制造、运输仓储等阶段。其中，拉晶、切片环节的碳值表现行业领先。隆基绿能提出"Solar for Solar"模式及"隆基 LIGHT"可持续发展理念，是唯一一

家同时加入了 RE100、EV100、EP100 以及 SBTi 的中国企业。

2. S

隆基绿能于 2022 年向供应链合作伙伴发起了"绿色伙伴赋能计划",旨在通过碳管理赋能培训、减碳排目标和路径规划、建立项目监测评估体系等行动,增强供应链企业的碳管理意识和能力,并推动其开展节能减排行动。2023 年 9 月,隆基绿能完成了"绿色伙伴赋能计划"的第一阶段工作。在此阶段的最后一期培训中,共计超过 120 家供应商代表参与了赋能培训,并针对低碳燃料、供应链绿色减碳、环境和碳数据披露、科学碳目标设定、综合能源解决方案与实 践等相关话题进行了交流学习。在下一阶段的工作中,隆基绿能将与生态合作伙伴港华能源合作,推动至少 50 家隆基绿能供应商伙伴完成碳盘查,支持至少 10 家隆基绿能供应商伙伴制定科学碳目标,并支持至少 5 家隆基绿能核心供应商伙伴开展节能减排行动,共同参与打造更加绿色可持续的供应链。

3. G

为更加符合隆基绿能的可持续发展需要、强化公司 ESG 管治能力,公司对 ESG 管治架构进行了完善更新。隆基绿能搭建覆盖治理层、管理层、执行层的三层级 ESG 管治架构,以董事会作为最高决策层,并将现有的战略委员会扩充为战略与可持续发展委员会,监督与审阅公司 ESG 相关工作。战略与可持续发展委员会每年至少举行一次会议,就 ESG 相关议题与董事会沟通。董事会对公司可持续发展战略进行审核,以确保与公司发展战略保持一致。战略与可持续发展委员会是公司可持续发展的管理机构,由品牌管理部门牵头 ESG 战略制定及行动计划等事宜。公司总部各部门及分子公司 ESG 执行小组,全面落实各项 ESG 工作。

(1)可持续发展报告

符合上海证券交易所《上海证券交易所上市公司自律监管指引第 1 号——规范运作》第八章编制指引的要求。

①参考全球报告倡议组织(以下简称"GRI")可持续发展报告标准(GRI Standards)编制;

②参考港交所《ESG 报告指引》的披露要求；

③参考可持续发展会计准则（以下简称"SASB"）以及气候相关财务信息披露工作组报告框架（以下简称"TCFD"）进行编制。

（2）气候行动白皮书

为更好地衡量气候变化对隆基的影响，2023 年，隆基绿能参考气候相关财务信息披露工作组（Task Force on Climate Related Financial Disclosure, TCFD）的建议，开展了全方位、系统性的气候相关风险和机遇的识别与评估工作，采用情景分析的方法，对部分风险及机遇进行财务量化，为隆基绿能后续制定气候战略、开展进一步的气候行动提供方向。

二、企业影响

隆基绿能始终坚持践行可持续发展理念，高度重视 ESG 管治，不断加强董事会的 ESG 参与水平，致力于持续提升 ESG 管治能力及表现。同时，隆基绿能与不同利益相关方共商可持续发展之路，助力经营决策、可持续发展理念和各方需求的全面、深度融合，推动公司发展、行业进步与社会共享的协调统一。

三、行业影响

MSCI 评级为 BBB，位列中国光伏行业第一，同时成为中国光伏行业首家通过 SBTi 目标认证的企业。

四、社会影响

隆基绿能成为中国光伏行业内首家通过国际认可的社会责任指南标准评估，并获得 SGS 通标标准技术服务有限公司签发 ISO 26000 绩效评估声明的企业。

福布斯中国发布 2023 年度 ESG 启发案例，隆基绿能凭借在绿色生产、绿色供应链、推动能源转型等方面的表现，从 100 余家行业领先企业中脱颖而出，成为 20 家具有实践参考意义的 ESG 案例公司。

福布斯中国发布"2022 可持续发展工业企业 TOP50"，隆基绿能凭借在绿色制造、可持续发展、ESG 建设等方面的稳健表现入围榜单，成为中国工业企业中具有高可持续发展价值的行业标杆。

第六节　京东物流股份有限公司

京东物流股份有限公司（以下简称"京东物流"）于 2007 年作为京东集团内部的物流部门成立，于 2017 年 4 月作为京东集团的独立业务分部运营，并为外部客户提供服务。2021 年 5 月，京东物流于香港联交所主板上市，进入崭新的发展阶段。作为中国领先的技术驱动的供应链解决方案及物流服务商，京东物流聚焦于快速消费品、家电家具、服装、3C、汽车和生鲜六大行业，深耕一体化供应链物流服务这一核心赛道，为客户提供技术驱动的一体化供应链解决方案及物流服务，帮助企业、行业、社会实现降本增效。截至 2023 年第二季度，京东物流总营收 777.61 亿元，员工总数超过 39 万人。

京东物流建立了包含仓储网络、综合运输网络、最后一公里配送网络、大件网络、冷链网络和跨境网络在内的高度协同六大网络。目前，京东物流运营超过 1500 座仓库，仓储面积超 3000 万平方米（含云仓生态平台的管理面积）。

京东物流始终重视技术创新在企业发展中的重要作用。基于 5G、人工智能、大数据、云计算及物联网等底层技术，京东物流不断扩大软件、硬件和系统集成的三位一体的供应链技术优势，构建了一套全面的智能物流系统，实现服务自动化、运营数字化及决策智能化。截至 2022 年年底，京东物流已申请的专利和软件许可近 9000 项。同时，京东物流构建了协同共生的供应链网络，中国及全球各行业合作伙伴参与其中。通过与国际及当地合作伙伴的合作，京东物流拥有接近 90 个保税仓库、直邮仓库和海外仓库，总管理面积接近 90 万平方米。

京东物流从"环境（Planet）""人文社会（People）"和"经济（Profits）"三个方面，协同行业和社会各方力量共同关注人类的可持续发展，着力推行战略级项目"青流计划"。京东物流同时引入使用更多清洁能源，推广和使用更多可再生能源和环保材料，践行绿色可持续发展理念。

京东物流正坚持"体验为本、技术驱动、效率制胜"核心发展战略，将自身长期积累的新型实体企业发展经验和长期技术投入所带来的数智化能力持续向实体经济开放，服务实体经济，持续创造社会价值。

1．E（环境）：数实融合，驱动气候韧性供应链

京东物流率先提出"供应链共享碳足迹"的减碳路径，并将绿色低碳纳入企业发展战略。京东物流持续推动供应链的全链路减碳，在仓储、运输、包装、配送等各环节的绿色转型。

（1）绿色仓储方面

京东物流致力于打造供应链领域全球屋顶光伏装机容量最大的生态体系，为京东物流智能产业园提供绿色能源。其中，京东物流亚洲一号西安智能产业园已成为中国首个"碳中和"物流园区，该园区厂房屋顶已配备光伏发电设备，装机容量达 9 兆瓦。

（2）绿色运输方面

京东物流多式联运规模不断扩大，同时通过仓网运筹规划技术持续推进不同货物组合运输，提升运输效率的同时降低能耗、减少碳排放。其中，2022 年，京东物流铁路货物运输量超过 180 万吨。

（3）绿色包装方面

京东物流致力于从减量包装、循环包装等多渠道实现推进绿色包装，截至 2022 年，京东物流可循环快递包装累积投放次数已超过 2.2 亿次。

（4）绿色配送方面

京东物流持续引入机械化与智能化设备降低能源消耗，同时也通过数字化手段和云计算平台，让每一笔订单都有自己的碳足迹。

未来，京东物流还将持续提高全国范围绿电使用比例，至2030年可再生电力使用比例将提升至100%，还将与上下游合作伙伴共同探索新能源应用技术，包括分布式光伏发电产氢以及氢能重卡联用，生物质柴油开发利用，风、光、生物质集中式发电等。同时，京东物流还将不断完善新能源运输工具及运输网络基础设施建设，力争2030年100%使用新能源车。

此外，还将积极开发碳汇和资源减排项目，围绕植树造林、农场降低甲烷排放、建筑能效提升等项目，进行碳汇和资源减排的开发。京东物流还将通过原发包装碳足迹标签、共享载具应用、包材回收利用等多种途径降低碳排放量，并在技术创新、标准制定、业务合作等方面推动价值链上下游协同降碳。

2. S（社会）：向实而生，共创社会永续价值

京东物流相信，可信赖的供应链服务可以持续为实体经济蓬勃发展和更广泛的社会群体创造价值。

（1）多措并举，促进劳动者高质量就业。截至2022年，京东物流已拥有39万员工，高质量就业规模持续扩大。作为行业内为数不多与一线员工签订正式劳动合同并为员工缴纳"五险一金"的物流企业，2022年京东物流的一线员工薪酬福利支出达446亿元，占总收入的32.5%。京东物流始终致力于为员工提供良好的薪酬待遇和福利保障，良好、稳定的收入、五险一金等福利保障，让员工生活有奔头、工作有劲头，更让他们形成了极强的职业责任感、企业认同感。2022年，京东快递小哥宋学文当选党的二十大代表，更有上万名快递小哥参与了抗疫保供的异地调配，定向增援上海、北京、重庆等城市的配送履约。

（2）全方位保障员工权益并支持人才全面发展。京东物流重视每一位员工的职业发展，为不同岗位、不同工作年限、不同需求的员工提供多样化的人才培训。2022年，京东物流开发人才发展培训课程近4000门，通过线上线下等各种形式接受不同层级培训近千场。在此基础上，京东物流更重视每

位员工的身体健康与作业安全，除制定完善安全生产机制外，京东物流还通过科技手段保护一线员工作业安全，目前已为全部自营车辆安装了 ADAS（Advanced Driver Assistance System）智能驾驶辅助系统，同时还有专职安全管理人员预警和纠正不良驾驶行为。

（3）积极响应国家就业优先战略与乡村振兴战略，助推社区与地方产业发展。京东物流充分发挥自身优势，在数字化赋能、完善基础设施以及人才振兴方面充分布局，系统性推进乡村振兴，持续促进乡村产业发展、建设乡村物流体系、推进农村创业创新，增强乡村产业发展新动能。打造西藏自治区电商进农村综合示范整区推进项目，全力推进在藏流通基础设施建设，促进当地的货品流通，促进外部资源"引进来"、西藏产品"走出去"，持续扩大本地就业力度，通过电子商务系统化培训，积极促进当地新型就业、创业，累计培训超 20100 人次，就业转化率超出培训人数的 10%。与此同时，坚持以物流带动商流，在一体化供应链的助力下，陕西的面食和白酒、宁夏的枸杞、青海的牛羊肉，以及新疆的瓜果等众多传统产业和商家焕发出新的生机。京东物流凭借扎实的基础设施、创新的数字技术能力，已经为全国 1000 多个农特产地和产业带，提供一体化供应链服务的专项解决方案。

（4）持续投身公益事业，回馈社会。京东物流持续投身公益事业，聚焦绿色循环、社会弱势群体等热点议题，开展了丰富多样的社会公益项目与志愿服务活动，并积极携手更多力量，不断拓宽公益事业的深度与广度，先后发起品牌 IP 公益"盒以为家"，邀请用户利用废弃物品进行二次改造，通过快递盒二次改造成爱心动物小窝并在全国漂流投放，向社会各界共同倡导绿色可持续发展理念；发起第五届"京心为你，送爱回家"大型春节公益关怀行动，携手政府机构和京东超市品牌为过年坚守岗位的人群提供春节福袋与双向免费快递服务，并在机场、铁路枢纽等人流集散地为归家的打工人免费派发防疫包共计上万份等。

3. G（治理）：由实而生，实现高质量责任管理

京东物流坚信良好的 ESG 治理架构有助于全面落实 ESG 相关策略。

2022 年 11 月，京东物流正式成立 ESG 管理委员会，以提升 ESG 管理水平，健全 ESG 检视与监督机制，基于物流业务场景的特点，设定了仓储、分拣、运输、配送等全业务环节的具体环境目标，并将目标设定跨度分为近期、中期和远期，明确了至 2030 年前各业务条线协同参与的 ESG 目标体系。同时，京东物流还将重要实质性议题与联合国可持续发展目标（SDGs）进行对标，以更好引导企业的可持续发展方向。

京东物流持续严守合规经营底线，坚持正道成功，恪守合规经营底线，不断完善高效、严谨的内容合规经营体系。为全方位进行合规管理，京东物流恪守三道防线，并从法律监管、反腐廉洁、信息安全、审计、交易风险等五个维度保障合规管理。在合规管理中，反腐败是重中之重，京东物流始终严格遵守国家及京东内部的相关法规及章程，依据"ABC 问责原则"施行两级决策机制，并对举报行为有功的人员给予奖励，在全公司树立合规、廉洁之风。

京东物流不断构筑信息安全和知识产权的立体化保障体系，全面保护用户个人数据、商业数据等。京东物流始终坚持深耕网络信息安全的底层技术，通过入侵感知系统、网络防火墙等安全设施确保数据库安全。同时在信息系统研发中，京东物流建立了单点登录、多因素认证、密钥管理系统等安全基础设施，在移动应用程序、网站和插件之间使用安全协议进行通信，多维度确保信息安全。京东物流积极响应国家市场监督管理总局、国家互联网信息办公室《关于开展数据安全管理认证工作的公告》，聘请专业认证机构启动数据安全管理认证工作。目前，京东物流已获得 ISO 27001 信息安全管理体系认证、ISO 27701 隐私信息管理体系、公安部等级保护三级认证、数据管理能力成熟度 DCMM4 级证书等多项国内外权威信息安全体系认证。

京东物流自 2021 年起，正式对外发布 ESG 报告，目前已连续两年发布 ESG 报告。报告严格遵守港交所《ESG 报告指引》文件，且符合指引规定的重要性、量化、平衡及一致性四项报告原则。报告发布在京东物流官方网站及香港联交所网站。2022 年京东物流 ESG 报告披露内容包含了京东物流基本情况介绍、2022 年度 ESG 关键绩效与认可、京东物流业务情况及针对环境、社会、治理三大板块分别进行必要披露；与此同时，京东物流深入参考气候相关财务信息披露工作组（TCFD）建议，进一步提升气候变化相关风险与机遇的识别、分析与管理工作。

植根于实体经济，京东物流始终秉持"长期主义"理念，坚持做难而正确的事，做长期有价值的事。作为持续深耕一体化供应链的物流企业，京东物流紧密连接生产端和消费端。

作为持续深耕一体化供应链的物流企业，京东物流紧密连接生产端和消费端，始终致力于打造柔性、韧性与绿色的一体化供应链，为客户带来更加高效、便捷、绿色的服务体验。2022 年，我们的"织网计划"取得卓著成效，以 35 座京东物流"亚洲一号"智能产业园和 1500 多个仓库为核心，搭建了高度协同的多层级物流基础设施网络，不仅为不同行业的企业客户提供一体化供应链解决方案和物流服务，也建立了产业端与消费端之间的深度信赖。同时，我们的客户服务能力也同步提升，京东快递的客户服务满意度持续位于行业第一梯队。

持续推进供应链上下游生态伙伴积极融入产业脱碳大循环，构建绿色价值链。随着全球气候变化带来的生态危机不断加剧，国际社会呼吁各国开展更强有力的气候变化应对行动，中国的各个行业也在"1 + N"政策体系下进一步部署规划。京东物流持续在各个业务场景务实推进绿色化、低碳化转型。京东物流西安"亚洲一号"智能产业园成为全国首个"碳中和"物流园区；在全国批量投放了新能源换电车辆并上线氢能源运输测试线路，为更多客户和消费者提供"零碳"运输服务；发布了行业内首个原厂直发包装认证标准，预计带动行业减少一次性包装 100 亿个，相当于减少砍伐约 2000 万棵树木；绿色供应链战略行动"青流计划"历经五年，已与合作伙伴携手在 100 余个城市达到月回收纸箱约 9 万个。京东物流在明确自身减碳目标与路径的同时，还加入全球可持续消费倡议，主导发起成立中华环保联合会绿色供应链专委会，发布《物流园区碳中和指南》并发起"供应链脱碳行动"。

对京东物流而言，企业的使命源自为实体经济中的劳动者与社会群体不断创造价值。2022 年，京东物流为超过 29 万自有配送人员提供高质量就业岗位，作为行业内为数不多为一线员工签订正式劳动合同并缴纳"五险一金"的物流企业，2022 年京东物流的一线员工薪酬福利支出达 446 亿元，占总收入的 32.5%。近三年来，京东物流已为一线员工薪酬福利支出 1065 亿元。与此同时，京东物流积极响应乡村振兴战略，服务全国超过 1000 个产业产地带，积极落实京东集团"奔富计划"。2022 年，京东物流作为国内首家服务于大型国际冬季体育赛事的主物流服务商，通过高科技、智能化的方式，在全世界面前彰显了中国物流企业服务大型国际赛事的专业能力。此外，2022 年，全球供应链在气候变化、公共卫生等一系列不确定性因素的影响下，面临着流通受阻、供应中断的巨大压力。面对新冠疫情，京东物流在社会危急时刻彰显责任担当，京东物流也充分发挥一体化供应链物流优势，在疫情期间保障各地民生物资配送以及特殊物资运输，为消费者提供值得托付的安全感，全力守护人间烟火气。

第七节　顺丰控股股份有限公司

一、积极打造绿色物流 携手共建"零碳未来"

近年来，气候变化是全球备受关注的议题，极端气候事件的发生频率和强度增加，正在影响着人类、经济和社会。为实现《巴黎协定》的净零排放目标，全球碳中和蓝图逐渐铺开。

2020 年，中国以大国担当的姿态，在应对气候变化新征程上展示出前所未有的决心，提出了 2060 年前实现国家碳中和的伟大目标。顺丰深刻认识到践行绿色发展的重要意义。作为一家肩负社会责任感的企业，公司一直致力于打造可持续发展的物流供应链服务，希望能以身作则，通过企业运营的优化与升级，对全行业乃至全社会带来积极影响。顺丰以保护环境、节能减排为目标，不断完善环境管理体系，通过推进低碳运输、打造绿色产业园、践行可持续绿色包装以及绿色科技应用等举措，实现覆盖物流全生命周期的绿色管理，积极打造可持续物流。2022 年度，顺丰减少温室气体排放量达 1557816.4 吨二氧化碳当量。

为了降低运输过程中对环境的影响，提升能源使用效率，顺丰持续推进运输环节的绿色低碳转型。

1. 绿色陆运

陆路运输是顺丰提供物流服务的主要运输方式。公司持续优化运力用能结构，通过提升新能源车辆运力占比、优化燃油车辆选型、管控车辆油耗等方式来减少运输过程中的碳排放。此外，公司还搭建了能源管理平台实现用能数据管控，并采用大数据、云计算等科技手段进行运输线路优化，逐步推动陆路运输环节的节能减排工作。

（1）运力结构优化

顺丰通过自购、租赁等方式不断提升新能源车辆数量，持续扩大绿色车队规模（见图 5-5）。2022 年新增投入运营使用的新能源车辆超过 4900 台，覆盖城市内普通及大件收派、短途干支线及接驳运输等场景。截至 2023 年上半年，顺丰累计投放新能源车辆超过 29000 辆，已覆盖 234 个城市。

图 5-5 顺丰的新能源车辆

对于长距离运输和北方寒冷地区运输的场景，公司进行氢燃料、LNG天然气车辆的试点引入。2022年，共有20台氢燃料供能的轻型卡车在上海地区运营，2台LNG牵引车在北京地区运营。

此外，顺丰正积极探索车辆换电模式，开展新能源换电车型在干支线运输场景的应用研究，在提升充换电效率的同时，减少电池搭载数量，延长车辆续航里程。

（2）用能数据监控

顺丰通过新能源汽车系统管理平台对新能源车辆的日常数据进行实时监测，实现了车辆行驶里程、行驶时长、充电时长以及使用和充电时段分布的可视化数据分析。

2022年，顺丰启动了自有充电平台系统的搭建。该系统将整合汇集公司自有及市场公用的充电桩资源，并能够实时更新充电桩资源分布，可及时高效地满足新能源车辆电力补充的需求。预计在2023年完成系统建设并投入使用。

（3）燃油车辆置换

顺丰持续对传统燃油车辆进行选型优化与置换，通过提升车辆装载容积、置换高轴数车辆、清退高油耗车型等举措，提升能耗使用效率，减少燃油车辆的排放对环境造成的影响。2022年，公司累计置换清退了超过800台燃油车辆。此外，公司通过车辆节能测试、规范供应商合作要求，筛选出符合业务场景且成本最优的车型配置，实现车辆品牌集中化管理。

（4）车辆油耗管控

顺丰制订了《营运车辆油耗包干方案》，根据业务场景确定油耗标准，明确油耗目标、细化油耗奖罚规则，实现对车辆的油耗管控。同时，公司定期对驾驶员开展油耗管控及节能减排相关的培训，提高驾驶员的节油意识，降低营运车辆燃油消耗水平。

（5）运输路径优化

顺丰智能地图赋能运输线路规划，减少过程能耗，通过结合快件需求的时效要求、距离等因素，采用智能算法提供最优解。同时，顺丰依托大数据分析和深度学习技术，整合货运线路和运力资源，提升陆地运输效率，实现车辆与货物的精准匹配。基于地理信息大数据提醒司机优化驾驶习惯，利用预见性导航和节油算法，减少运输能耗。

2. 绿色航空

顺丰严格遵守《中华人民共和国节约能源法》《广东省节约能源条例》等法律法规，持续完善能源管理制度体系。公司建立了《顺丰航空能源管理制度》，同时设有航空碳排放工作组，统筹推进航空运输模块的各项节能减碳工作。为保证碳排放数据的真实可靠性，满足监管机构的碳排放监测要求，公司每年邀请第三方核查机构对顺丰航空的温室气体排放数据进行核查，并出具核查报告。2022 年，顺丰航空通过民航局与生态环境部的碳排放核查，并开展环境内审，完成了年度 ISO 50001 能源管理体系认证。

（1）优化机型组成

顺丰致力于打造低能耗高效率的"绿色机队"，自 2018 年起，顺丰积极引进 747、757、767 等大型货机。新购入的大型货机相较于传统的 737 货机，拥有满载情况下碳排放效率更高、吨公里油耗更低的优点。截至 2022 年年底，顺丰共有 77 架自有全货机。

（2）应用节油技术

顺丰通过飞行高度层优化、精细化业载、根据预测业载动态调配机型、二次放行、截弯取直和关断辅助动力装置等多项节能减排措施，减少燃油消耗。2022 年，顺丰通过截弯取直技术节约航空燃油量约 1234 吨，减少二氧化碳排放量约 3742 吨二氧化碳当量，通过二次放行节约航空燃油量约 707 吨，减少二氧化碳排放量约 2144 吨二氧化碳当量。

（3）线上燃油管理

顺丰搭建了航空燃油管理系统，该系统能够有效辅助监控公司航空燃油数据，可实现月度燃油消耗数据统计、节油项目动态监控，并通过系统内置精细化管理模块，提高飞行计划与实际运行的吻合度，全面提升运行品质。2022 年，系统进一步完善了燃油数据统计功能，并完成了 B747F 飞机构型与燃油管理系统的适配工作。

（4）严防维修污染

针对飞机维修过程中产生的废弃机油，顺丰制定了《废弃油液管理规范》，对飞机维修过程中放出的废弃燃油、液压油及润滑油的处理进行明确规定，要求维修人员按照《危险品管理程序》对储存起来的废弃油液进行规范管理。

（5）升级节油激励

基于燃油管理系统的油耗数据统计功能，定期对签派员节油数据进行排名，便于签派员掌握自身节油水平，提高节油意识。2022 年，公司更新了飞行和签派节油规则及飞行员激励标准，对飞行员的节能飞行实行绩效化管理，通过设置激励奖金，调动飞行员践行节油的积极性。

（6）优化地面车队

为达成"力争在 2030 年前实现航空基地场内车辆装备电动化率达100%"的目标，顺丰针对航空基地的实际情况，主动清退柴油、汽油客车，新增新能源传送带车、升降平台车、牵引车等特种车辆，逐步提高机场车辆电动化占比（见图 5 - 6）。

图 5 - 6 顺丰航空基地新能源传送带车

3. 打造绿色产业园

顺丰致力于打造绿色产业园，通过铺设屋面光伏、优化仓库空间布局等多种方式，提高中转效率与节能效益，降低中转环节对环境的影响。顺丰针对园区管理工作制定了《物业设备管理制度》和《物业环境管理制度》，通过设备管理、安全管理、装修管理、环境管理等多个模块约束用水用电行为。2022年，公司更新《园区水电管理规定》《产业园设施设备维养管理指引》《产业园物业服务标准》，明确设施设备维护保养标准及流程，规范了园区水电管理。为提升园区物业管理效率，顺丰搭建了物业系统，包含园区环境绿化、安防消防管理、设施设备维修检测等物业模块，已覆盖产业园所有在运营园区。此外，公司不断加强清洁能源的使用，积极布局可再生能源发电计划。截至2022年底，已完成 9 个产业园区的屋面光伏电站建设，光伏铺设面积 9.5 万平方米，总体装机容量达到 13 兆瓦以上，年发电量 984.3 万千瓦时（见图 5-7）。

图 5-7 顺丰产业园屋面光伏

4. 倡导绿色办公

顺丰建立《办公场地管理办法》《水电管理办法》等内部制度，积极推动绿色发展理念融入日常工作，鼓励员工践行低碳行为，共同营造绿色环保的办公环境，构建资源能源节约型企业。公司鼓励员工开展线上会议，减少不必要的差旅出行，倡导共享办公与常态化远程办公，实现节能减排。公司在运营过程中并不涉及大量水资源使用和废水排放，也不涉及易对水资源造成污染的产品及业务。

5. 践行可持续包装

顺丰顺应绿色包装发展趋势，坚定落实邮政业绿色发展"9917"工程的具体要求，加大包装材料研发的投入，寻求绿色包装材料的技术创新、变革与应用，并不断探索循环包装精细化运营，与产业链上下游合作，促进绿色包装发展。公司以可持续、智能化为方向，推行包装减量化、再利用、可循环、可降解。2022 年，顺丰通过推广绿色包装的使用，减少碳排放约 50.6 万吨。

（1）减量化包装

为了减少资源浪费和环境污染，顺丰加强源头管理，通过开展过度包装治理专项工作，发布《顺丰包装操作规范》，针对不同种类的托寄物细化包装操作要领，落实绿色包装要求。公司通过智慧包装服务平台持续优化包装方案库，并采用视频、图片等多种形式赋能快递小哥对不同类型托寄物进行合理包装，在保障快件安全的基础上，减少过度包装。2022 年，顺丰继续推行"丰景计划"，对胶袋、胶纸、贴纸、封条等 8 大类物料进行减量化、标准化、场景化创新研发，通过轻量化、减量化，可折叠等手段，减少塑料消耗。2022 年累计减少原纸使用约 4.7 万吨，减少塑料使用约 15 万吨。通过包装减量化措施，2022 年共计减少碳排放约 15 万吨。

（2）可循环包装

顺丰贴合不同业务场景，开发满足全场景、全功能应用的可循环包装容器，实现容器与载具之间标准化，达到降低损坏、缩短操作时长、降低作业成本的目的。同时开发了智能化管理运营平台，辅助智能容器管理。公司针对不同行业和场景投用了保密运输箱、航空—集装温控箱、易碎品循环中转箱、食品循环保温箱、医药循环围板箱等成熟产品，有效解决了传统包装和容器成本高、破损多、操作效率低、资源浪费等问题。2022 年，循环箱循环使用次数超过 3200 万次，贡献碳减排量 1.3 万吨。

（3）可降解包装

顺丰持续开展生物降解包装材料的研发，积极进行生物降解包装的技术储备。公司自主研发的全降解包装袋"丰小袋"已在全国推广应用，生物分解率可达 90% 以上（见图 5-8）。截至 2022 年年底，"丰小袋"已在北京、广州等地累计投放超过 6251 万个。

图 5 – 8 顺丰自研全降解包装胶袋 "丰小袋"

此外，公司还对各类生物降解包装材料开展试点工作，包括可降解环保胶带、可降解缓冲物料等，逐步减少一次性不可降解塑料的使用，履行环境保护责任，践行可持续绿色包装。

（4）绿色包装标准制定

为配合国家邮政管理部门不断健全绿色包装相关法规标准政策体系的工作，顺丰积极参与快递包装相关的国家与行业标准制定工作。2022 年，顺丰作为核心企业参与编制了《电子商务物流可循环包装管理规范》和《邮件快件包装回收与循环指南》两项国家标准，致力于推动快递包装绿色治理工作，促进包装资源循环利用，以达到减少环境污染和实现可持续发展的目标。

此外，顺丰还成立了包装实验室检测中心，专注于快递物流包装材料检测、包装方案安全验证评估以及包装标准创新研究工作，具备检测 45 个包装品类、超 140 个测试标准、400 个项目的测试能力，已获得行业首批 "邮政行业绿色包装技术研发中心" 资质，并通过了 ISTA 认证（国际安全运输协会认证）和 CNAS（中国合格评定国家认可委员会）认证。

顺丰包装实验室检测中心不断加强基础研究力度，在功能性包装技术、生鲜保鲜温控、绿色化技术、包装碳排放评价、国行企标标准化方面，与数十所高校建立联系，构建专家资源库，开展多项研究课题，助力物流模式转型，并填补行业空白。

6. 结语

在今天，每一时刻都有无数的客户托付与期待，沿着顺丰的网络，抵达世界的各个角落。每一份托付的完成，都倾注着顺丰为客户提供的智能贴心服务、为环境保护作出的不懈努力、为行业发展传递的责任意识。"前程有日月，勋绩在河源"。我们在奔赴实现"双碳目标"的征程中，将提供更加美好、更加绿色的服务体验，为客户提供科技驱动的绿色解决方案，助力推动高水平的供应链物流绿色发展体系，与上下游和合作伙伴携手共建"零碳未来"，为社会和地球家园的可持续发展而担当。

二、成就人才队伍，助力员工成长

顺丰秉持"人才是第一生产力"的理念，持续高度关注员工的成长和发展。2022 年培训以全面推进人才队伍精益运营为核心：夯实"一个蓄水池"，从源头提升质量，加强对入职大学生的培养管理；聚焦"两条赛道"，升级管理队伍与专业队伍的管理体系；从端到端完善"三个底盘"，提供人才管理全流程的工具、流程、制度支持，打造可持续的人才生态，支撑业务发展需要。

三、案例 1："丰云集训"助力提升后备职能部负责人通用领导力

"丰云集训"是 2022 年专为后备职能部负责人全新设计的通用领导力训练营，是深入研究工作中面临的挑战和问题，量身定制符合管理的混合式学习型项目。它聚焦根源，直击痛点，助力精准攀登，令中基层管理者快速成长为公司基石力量。项目从"转角色""通管理""懂业务""强素质"四个方面，甄选企业内外部优质资源，通过线上线下授课、研讨、工作坊以及标杆企业考察等形式，帮助学员提升后备人才准备度，以确保岗位有缺时能及

时补上，上岗后也能快速正常开展工作。项目覆盖全网约 300 名后备学员，学习旅程为 4~6 个月，在项目实施过程中，采用了云上答疑、纵深交流等学习方式以及"品牌化"项目运作模式，保证了项目的整体效果，获得了学员一致好评。

四、案例 2：举办"顺丰杯"全国岗位技能大赛

为进一步激发前线员工钻研专业技能，提高服务质量水平，为客户提供优质服务，顺丰以"强技能，提质量，优服务"为主题举办首届"顺丰杯"全国岗位技能大赛，此项技能大赛是由集团首次统筹四岗位（收派、仓管、司机、中转）集中技能大赛，通过"线上 + 线下"模式，线上理论参赛人数 42.2 万人，员工参赛率 72%；各地区择优推选优秀员工参加技能大赛，决出最后胜者。

顺丰积极履行企业社会责任，支持公益慈善，在医疗、教育、环保等多领域持续开展志愿公益活动；聚焦乡村振兴，以数字技术赋能乡村地区农业发展；支持稳产保供，利用自身供应链及科技优势保障生活物资快速运送，努力为建设和谐社会贡献一己之力。

顺丰是国内第一家将生鲜农产品以快递形式从农户手中直送城市消费者的快递物流企业，从此开启了从"田间"到"舌尖"的商业模式。一直以来，大量优质农产品在流通过程中遇到"易损、难包装、环节多、无法形成规模化"等问题，在市场推广中遇到"渠道少、形式单一、受众面小、无法形成品牌效应"等问题，久而久之，农户收效甚微，农产品创收盈利更无从谈起。把好的农产品运出去，更把好的农产品品牌"运"出去，是顺丰坚持的助农思路。

在田间地头建设农产品集收点、研发投入适应小批量分拨的移动分拣车、建设贴近产地的生鲜预处理中心、针对众多生鲜品类设计专属包装、在特色农产品丰收季调配专用冷藏车辆、专属全货机及多种运力资源等方式，公司不断刷新农产品在流通过程中的交付速度、不断创新生

鲜品类在运送过程中的保鲜手段，帮助农户把来自田间地头的优质农产品，运出大山，送到千家万户的餐桌。凭借自身强大物流网络、先进包装技术及快速配送能力，大闸蟹、牛羊肉、活鱼、海产品、荔枝、樱桃、草莓、水蜜桃、松茸等，公司攻克一个个快递运输中难度最高的品类，实现独具中国特色、覆盖全国范围的农产品直送、直达模式。公司继续坚持通过物流模式创新、降本增效、紧贴市场定价等举措，扩展服务品类及业务场景；同时通过科技赋能，研究并投入销果裹、丰收、一件代发等便捷科技工具，助力农户销售、发货、结算一站式便捷高效地经营。

2022 年是国家持续全面推进乡村振兴的发力期。为积极配合国家战略，持续巩固及扩大扶贫攻坚成果，同乡村振兴有效衔接，在快递物流服务之外，公司也延伸配合各地政府打造区域性农产品品牌，助力品牌化建设，让更多地方品牌的特色农产品被国人所知晓、品尝、认可。2022 年，公司制定区域品牌包材定制专项资金补贴机制，投入 300 万专项资金，还联动地方政府，获取品牌授权，设计品牌包装，助力共建 16 个农产品区域品牌，为当地农户创收超 5 亿元。此外，顺丰响应绿色物流理念，试点农产品绿色环保包装材料，还提供产品溯源、农残检测等一系列科技服务，取得用户一致好评。目前公司助力农产品上行服务网络已覆盖全国 2800 多个县区级城市，共计服务 4000 余个生鲜品种，2022 年实现特色农产品运送 362 万吨，预计助力农户创收超千亿元。

五、案例 3：顺丰制订专属物流解决方案，助力阳澄湖大闸蟹产业发展

顺丰依托自身强大的供应链能力、专业冷链温控技术以及遍布全国的资源网络优势，以定制化专属物流解决方案，帮助阳澄湖大闸蟹安全、快速、鲜活地走向全国各地的餐桌，助力阳澄湖蟹农、蟹商增收，实现社会效益与地方经济共赢。2022 年，顺丰部署了 13 架"大闸蟹"运输专机，并调动储备南京、无锡、杭州等周边城市的机场仓位资源，充分利用长三角经济圈运

力资源，全面开展"航空/高铁＋大闸蟹"的跨城专享急件服务，实现跨城最快 4 小时送达。

六、案例 4：云南顺丰"十城万店"，拉动地方旅游经济顺丰深耕云南省旅游区域的快件寄递业务

2022 年 7 月在昆明、大理、丽江、西双版纳、香格里拉、建水、弥勒、腾冲、楚雄、玉溪十大旅游城市，推出"十城万店"计划。顺丰通过投入顺丰城市驿站、代办点等末端资源，在满足游客的寄递需求的同时，也为拉动地方旅游经济注入了新动力。顺丰不断延伸快递网络，为云南人民的乡村生活带来了便利，也极大地助力了"云品出滇"，带动了农村电商、高原特色产业的高质量发展。

七、治理

顺丰不断提升 ESG 管治水平，通过设立四级可持续发展管理架构，为可持续发展的目标和策略制定、定期评估以及相关风险的管理奠定稳固基础。2022 年，董事会战略委员会新增可持续发展监管职责，负责监督和管理公司可持续发展事宜，将 ESG 专业管理工作提升至公司治理层。

第八节 普洛斯企业发展（上海）有限公司

普洛斯资产运营服务 ASP 是普洛斯企业发展（上海）有限公司（以下简称"普洛斯"）旗下的基础设施资产管理服务企业，围绕资产场景，实践"科技运营"理念，提供标准化、全生命周期资产管理服务。从规划设计、建设工程、运营管理、招商租赁到产品与增值服务，运用物联网、人工智能、机器人和大数据技术，不断提升运营效率和服务水准，对资产进行一系列数字化、智能化升级，持续为客户和投资人创造价值。截至目前，普洛斯 ASP 在

中国超过 80 个城市管理资产面积超过 4000 万平方米，规划咨询服务面积累计也超过了 4000 万平方米。

普洛斯宝山物流园（智慧、高效、低碳标杆园区）介绍如下。

1. 普洛斯宝山物流园概况

普洛斯宝山物流园（以下简称"宝山园区"），总建筑面积 243000 平方米，作为普洛斯 ASP 标杆园区案例，汇集了普洛斯 ASP 的多项智慧化管理手段，包括出入智控、智慧安防、智慧消防、智慧能耗、资产管理、AI 创新服务等，是普洛斯新一代智慧、高效、低碳标杆园区的代表，也是普洛斯科技运营、智慧化管理的缩影，并引领行业探索可复制、可推广的模式。

2. 普洛斯宝山物流园智慧低碳运营特色

（1）定义新一代智慧物流园区

在宝山园区，普洛斯 ASP 全方位运用科技，构建了"端、云、平台、应用"的标准模式，完成从传统管理模式到信息化管理模式的转变。此外，标杆园区也承担着新业务模式创新与孵化的任务，提供海量应用场景，与客户合作创新、孵化、试验、验证新的业务模式和前沿技术。宝山园区陆续就仓储分拣 RaaS（机器人即服务）、储能设备、保洁机器人、无人机巡检等科技进行评估效用。

宝山园区同时还汇集了普洛斯资产运营服务 ASP 的科技运营、智慧化管理标准，包括出入智控、智慧安防、智慧消防、智慧能耗、资产管理、AI 创新服务等一站式服务，利用科技化、数字化手段，确保园区高效运营、安全可靠。

在科技运营方面，宝山园区运用了 3 秒入园的智能道闸、基于云的智慧月台管理系统，可以依托算法和计算机视觉，自动为进入园区的车辆排队，可令车辆等待时间大幅减少 90%。在安全运营方面，普洛斯 ASP 打造"气象灾害云预警系统"，在台风来袭的 120 小时内对江浙沪地区 90 多个园区发送了气象预警，落实风险告知、应急预案和防控方案等 50 多项工作细则。此外，ASP 在宝山园区管理中还运用 VR 及 AR 技术，实现可视化远程评审，节约成本并提升评审效率，有效促进园区运营品质提升。

（2）聚焦绿色低碳运营

绿色低碳运营在普洛斯已经常态化。普洛斯 ASP 一方面通过精益化园区管理和科技手段节能减碳，另一方面积极投入新能源，加速布局光伏、风电、储能、新能源交通等基础设施，推动绿色能源资产服务化，以此迈向"碳中和"目标。

以宝山园区为例，园区安装了屋顶光伏板为日常运营提供清洁能源，并配备新能源电动车充电服务，同时通过能源管理系统统计园区新能源、光伏充电数据并提供运营分析，从根本上减少碳排放（见图 5-9）。据测算，通过各项减碳措施，宝山物流园全年减少碳排放超过 2500 吨。

图 5-9　宝山园区

同时在中国经济高质量发展以及"双碳"目标的大背景下，宝山园区和客户都在积极节能减碳，寻求绿色低碳可持续发展。在面对能源管理方式粗放的痛点，尤其对如何量化能耗和碳排放、制定节能减排策略、制定碳排放目标、盘活碳资产等方面，普洛斯际 ASP 结合自身经验，推出海纳碳管理平台，为园区和客户提供切实可行、匹配度高的解决方案。

3. 普洛斯宝山物流园科技绿色运营成效

（1）强化科技运营

宝山园区通过物联网、计算机视觉技术，全方位运用科技，开发了 AMS

系统，使园区设备设施在线化、可视化。同时通过多维度运营指标主动提示运营异常，及时体现运营状况并通过数据辅助管理决策，实现 1＋N 管理协同，实现运营管理的数字化。宝山园区共有 186 块电表 111 块水表，均为智能水电表，通过物联网平台自动接入数据，所有租户任何时段的能耗都可快速追溯，提升园区运营效率。同时，园区还减少 15% 人员和巡检工作量30%，安防事件发生率降低 60%，事件处置效率提升 40%。

（2）推行雨水收集系统

采用"海绵城市"和高效节水技术，如针对园区的大面积绿化带，采用自动喷淋灌溉，节约水资源，同时打造雨水回收系统，实现再灌溉，全年减少市政用水量约 3500 吨。

（3）铺设屋顶光伏

普洛斯从 2018 年开始就致力于分布式光伏项目的投资开发，保障运营用电的同时满足客户对绿电不断增长的需求。基于园区建筑面积较大，目前发电量在普洛斯自有园区里名列前茅，每年产生绿电 2750MWh 绿电，减碳2000 吨以上。

（4）增设新能源充电桩

普洛斯 ASP 提供围绕物流运营新能源化的垂直场景充电站，服务于进出物流园的电动城配物流车等运营类商乘用车。目前宝山园区充电桩每年充电次数约 3200 次，支持绿色配送 26 万公里，减碳将近 40 吨。

（5）普及智慧照明

宝山园区内安装的智慧路灯支持在线管理、远程监测、自动开关灯以及自动调光，实现最优的照明状态和节能效果。自启用智慧路灯后园区路灯相关用电量较以前下降 50%～60%，节能公共照明 312 盏，减碳近 60 吨。

（6）绿色清洁环境

宝山园区种植各类绿色灌木、草坪等营造"花园式物流园区"环境，绿植覆盖面积达 3.1 万平方米，全年吸收约 45 吨碳排放。

（7）海纳碳管理平台

普洛斯 ASP 从 0 到 1 研发的海纳碳管理平台的碳排放大屏。通过物联网平台，对碳排放进行了实时自动的数据采集和精准计算，包括每个租户的碳排放情况。海纳碳管理平台的碳核算方式经由 CTI 华测认证进行验证，并出具符合 ISO 14064 标准符合性声明，具备权威公信力。

目前宝山园区实时跟踪分析园区运营碳排放，实现全面碳管理。截至2021 年年底，该园区温室气体减排率达 38%，园区自身运营实现碳中和已实现了园区自身运营"碳中和"，并持续帮助租户减少运营碳排放。

4. 普洛斯宝山物流园开放技术与服务

作为现代供应链基础设施建设的重要一环，物流园区的智慧化转型与绿色低碳可持续发展，正在成为催生产业变革的新动能。2021 年，普洛斯发布了业内首份《2021 智慧物流园区白皮书》，总结了其长期的资产运营服务经验和园区智慧化升级的前瞻性行业洞察，并以普洛斯宝山月浦物流园为代表展示了新一代标杆园区，向同行开放园区数智建设成果。

该白皮书首度定义智慧物流园区，搭建行业智慧转型方法论，引领行业探索可复制、可推广的模式，将普洛斯自身园区的运营经验和技术服务向行业开放、输出，助力物流基础设施朝着更数字化、智慧化、绿色低碳的方向升级。

普洛斯 ASP 长期致力于支持环境和社会的可持续发展，全方位履行 ESG理念，将各项 ESG 举措应用于投资决策、资产管理与业务运营的每一个环节，未来也将不断迭代日趋成熟的智慧化、零碳化解决方案，携手更多客户、投资人以及合作伙伴，共创智慧零碳新未来。

同时，普洛斯宝山物流园于 2022 年获得美国绿色建筑评估标准体系 LEED v4.1 O + M：EB（既有建筑运营与维护）铂金级认证，成为全球为数不多获此项最高级别绿色运营认证的物流基础设施之一，也是国内获此认证中体量最大的综合物流园。

第九节　荣庆物流供应链有限公司

荣庆物流供应链有限公司（以下简称"荣庆物流"）成立于 1985 年，总部位于中国上海，是一家集冷链、化工、普运、医药为核心业务的国家"AAAAA"级综合物流企业，为客户提供全国仓储、运输、配送于一体的供应链服务。荣庆物流是交通运输部甩挂运输试点企业、中国物流百强企业、中国冷链物流百强企业、中国医药冷链运输 20 强企业、中国药品冷链物流国家标准示范企业，并通过了 ISO 9001、ISO 14001、ISO 45001、RSQAS、邓白氏、BRC 等认证。荣庆物流在全国有 120 余家分支机构，运营服务网络覆盖全国 1500 多个城市运输服务网点，拥有 110 多万平方米仓储资源，1500余辆自有车辆，年吞吐货量约 1100 万吨，年营收约 50 亿元，员工总数 5000余名。

随着硬件平台和软件算法逐步成熟，高级别自动驾驶商业化进程加快，逐渐从乘用车向商用车领域发展。自动驾驶可以提供更安全、更高效、更节能、更舒适的出行体验，在交通安全、出行效率、节能减排、产业变革等方面推动社会整体发展和进步。

荣庆物流始终关注前沿科技，在多项创新技术领域进行前瞻性布局。结合应用新能源，注入科技力量，在干线端推广使用智能驾驶，助力运输全流程的提质增效和低碳减排。

2022 年 8 月，荣庆物流与智加科技在太仓智慧物流园区联合举办"量产先行·共领未来——荣庆物流自动驾驶重卡交车仪式"，活动现场交付的自动驾驶重卡 J7 由智加科技联合挚途科技、助力一汽解放打造，配备 7颗摄像头、5 颗毫米波雷达，选配 1 颗激光雷达。该自动驾驶重卡在高速路段，几乎可以完全承担驾驶任务，可自主控制油门、刹车，自主车道保持、自动巡航以及根据实时路况自主或拨杆变道。与以往普通的 L2 辅助相比，J7 搭载的智能驾驶系统能根据导航路线，宏观上自主选择行进策略，微操上根据实时路况自主应对各种场景，可大大减少驾驶员的疲劳和负担。此外，把驾驶任务交给系统，会在车辆的能耗、安全性上有更优的表现。

具体来看，J7 自动驾驶重卡具备以下优势。

（1）自动巡航。包括自适应巡航、车距/车速调节功能。在高速路况下，系统能按照导航路线自主行进。

（2）智能横向控制，包括智能变道，可以用拨杆发出变道指示，也能自主变道，另外还有车道保持居中、智能避让等。比如何时变道、跟车距离、上下高速匝道等等，都不再需要人类司机直接操作，用户的角色也从驾驶员变成安全员。

（3）智能节油。通过分析导航路线，首先规划全局车速，然后根据实施情况动态调节车速，学习了优秀的人类卡车司机，尽量全程匀速，避免急刹和急加速。

（4）安全功能。包括法规强制的自动制动系统等。

在干线运输端推广自动驾驶重卡之前，进行了 3 个月的试运营，投入两辆 49 吨的重卡试点了从上海到济南的 100 个单边，总计运营里程约 9.2 万公里，运营环境覆盖夜间、雨天、雾天、雪天、大风天等恶劣环境及天气条件。运营下来发现，自动驾驶重卡确实在能耗、安全以及劳动强度方面颇具优势。在能耗方面试运营的干线段，大部分是封闭的高速公路，通过智能驾驶减少人工驾驶的不稳定的驾驶操作，比如急速变速等，数据对比下来，自动驾驶百公里油耗要节省大概 10%。安全方面，项目运营期间覆盖了夜间、雨天、雾天、雪天、大风天等恶劣环境及天气条件，整体来看，自动驾驶百公里压线比人工驾驶百公里压线降低约 74.5%，居中行驶比例高出约 10%，运行期间未发生交通事故。劳动强度方面，上海至济南段高速占比非常高，自动驾驶比例高达约 96.7%，单程平均自动变道近 140 次，单程平均自动微调避让近 107 次。驾驶员反馈，自动驾驶车辆比传统车辆好开得多，轻松得多。受访驾驶员一致表示更愿意开自动驾驶卡车。

在试运营优异表现的基础上，荣庆物流与自动驾驶重卡供应商智加科技开展战略合作，首批订购 100 台自动驾驶重卡，遴选合适的干线开通自动重卡专线，目前已投入 5 辆用于"上海—广州"干线，剩余重卡将于 2 年内交付，未来这批车辆将投入荣庆物流与智加科技开通的量产智能重卡联合运营专线使用，赋能可持续物流。

荣庆物流供应链有限公司在全球多个平台披露 ESG 信息，自 2017 年 5

月 9 日加入联合国全球契约组织（UNGC）以来，已经连续六年披露 UNGC COP 报告；连续三年在 CDP、Ecovadis、IPE 平台进行 ESG 披露。近两年来，国内 ESG 快速发展，荣庆物流积极拥抱 ESG 新变化新要求，将于明年年初披露首份 ESG 报告，即《荣庆物流 2023 年度 ESG 报告》，并至少保持一年一更的披露频率。

一直以来，荣庆物流秉承"递送绿色，共享健康"的企业使命，深入贯彻绿色、可持续的理念。2021 年，荣庆物流做出组织架构调整，董事会增设 ESG 委员会，并设立 ESG 管理部，为开展 ESG 工作提供有力保障；同年，根据企业自身的发展战略，制定碳减排战略，设定清晰的减排目标及详细路径方案，向合作伙伴展示荣庆致力发展绿色物流的决心；2022 年，积极发起企业 ESG 联盟，参与行业论坛，参与制定绿色物流等相关标准，继续扩大自身 ESG 影响力；2023 年，与头部客户联合开展减排项目，携手供应链上下游减少环境影响，持续助力全行业产品绿色碳足迹的升级。

荣庆物流供应链有限公司在 ESG 方面一点一滴的努力，也得到了行业、客户以及媒体的广泛认可，获得了一系列奖项和荣誉。同时，作为早期物流企业 ESG 践行者，荣庆物流供应链深知肩上的 ESG 责任有多重，在物流领域的 ESG 探索还不够深，ESG 实践的具体工作还有很长的路要走，这是一个漫长甚至波折的道路。未来，荣庆物流将继续坚持开拓创新，恪守使命，携手行业，将企业发展与生态环境建设有机结合，关注节能减排，倡导低碳生活，以实际行动履行环境与社会责任，为实现经济、环境与社会的可持续发展贡献力量。

第十节　江苏苏宁物流有限公司

苏宁物流集团是苏宁易购集团旗下子集团，属于服务业道路运输业。2022 年营收 17.5 亿元，全国相关物流运输职工已发展近万人。1990 年发展至今，服务于苏宁"零售服务商"战略，苏宁物流以技术与数据为核心驱动力，持续为合作伙伴提供仓、配、装一体的供应链与物流集成化方案，通过卓越服务为客户增值赋能。聚焦"到仓、到店、到家"服务场景，苏宁物流建立起引领行业的地产、供应链、大件物流、快递、售后五大业务板块，面向家电、家居、快消、3C、美妆等多领域，输出完善的服务产品与定制化供应链解决方案。作为中国现代化物流基础设施提供者，截至目前，苏宁物流全国仓储及相关配套面积达 1200 万平方米。高标准的库内管理，满足大件、小件、冷链、跨境、社区等多元化仓储需求。超高的自动化及智能化水平，支撑起多样化、高效率的交付履约。苏宁物流升级"青城计划"，通过整合"绿色新基建"下的物流仓储、包装、运输、末端四大环节，驱动全国物流基础设施绿色化升级，助力全国绿色物流快递城市常态化、普及化。

1. 推动绿色采购

苏宁物流积极践行并推动绿色采购的发展，择优选用绿色产品化的供应商，逐渐增加绿色产品的采购比例。公司在家电类商品引进环节强制要求供应商上传产品能效认证证明等相关信息，针对能效标准存疑的老电器及其供应商，定期进行循环整理，根据实际情况减少或取消相应产品的采购。

2. 打造绿色物流

苏宁物流一直致力于绿色物流全链路建设工作，旨在促进电商物流包装的循环利用以及绿色可持续发展，进一步加大力度推进"青城计划"，在聚焦生态文明、聚力绿色发展的战略目标下，整合之前各类绿色物流发展举措，分别从仓储、运输、末端配送与包装的环节上全面推进绿色物流实践。

（1）绿色仓储

合理选址并科学规划仓库建设，积极推进多元化仓储科学布局和智慧科技应用仓库，有效提高资源能源的利用效率（见图 5-10）。已在北京、上海、南京等 30 个城市建立行业标准化绿仓，同时全国在建的 20 多个物流基地计划配置清洁能源设备发电，如铺设光伏屋顶等。

"绿仓"兼顾经济效益和运营效率。仓内使用 LED 灯，选配并极大范围投入合适的自动化设备，推进高密度存储设备、自动化分拣设备、自动打包设备的使用，使"绿仓"更加智能化，进一步提高物流效率。此外，密切控制综合楼、仓库、办公区和室外用电，强制要求各地物流园区、办公场所与生活场所按需开启电力设备，通过关闭不必要的照明、电器，以及合理优化工位等方式，实现全年减碳目标。

图 5 – 10　标准化绿色仓储

（2）绿色运输

运输环节中，推广投入使用新能源汽车，逐步提高新能源汽车使用比例，在网点更换符合标准的专用电动三轮车，并同步开展充电桩建设工作，持续加大规模化投入力度。

此外，公司持续优化智能化运输路由调度系统，借助大数据和智能路径优化算法制定相应的集装化运输规范，加快装卸搬运效率，并通过单元化运输的方式减少单个包裹的装卸搬运次数，节约运输成本，提升物流效率，有效降低碳排放。

（3）绿色配送

苏宁物流通过建设回收体系、推行无人配送的方式来实现末端配送环节的绿色化。苏宁物流持续建设末端标准化常态化的无人配送体系，开发无人车、无人机等新兴运载工具，推进配送环节的绿色发展。

此外，在"送装一体化服务"基础上升级"套购送装一体服务"，一次满足消费者多样服务需求，减少如家电安装等二次上门的成本。苏宁物流为家电、家居和家装品牌商户提供覆盖全国的仓配一体化服务，凭借多地丰富的仓网资源，实现多仓联动，有效分仓。截至报告期末，送装一体服务已覆盖家电所有大件类目和全国 300 多个城市，同时部分合作品牌已升级至"揽送装一体服务"。

（4）绿色包装

苏宁物流持续为包裹"减负"，在包装方面坚持减量化、循环化、绿色化发展，持续推动直发包装、简约包装、循环包装、包装优化升级的同时，将零胶纸箱、可降解包装袋、一联单、瘦身胶带等更多减量化包装推广，进一步减少包装环节的消耗。

3. 实施绿色办公

苏宁易购坚持绿色办公，在内部管理中倡导无纸化办公并加强电子信息化建设。苏宁易购总部纸张打印量同比 2021 年减少 17 万张，共使用电子签章签约 68.59 万次。公司通过张贴节水标识、全员节水宣传、控制饮水机开启时间和采用雨水回收设备等方式，全面开展节水工作，有效降低办公区、终端用水。此外，通过空调开启温度管控、样机开启管控、非周末期间扶梯管控、照明管控等措施，节约用水用电。报告期内，苏宁易购总部同比 2021 年实现全年节水 32439 吨，节电 276.56 万度，相当于减少碳排放 2190.63 吨。

苏宁物流自 2016 年就开始秉持着可持续发展的理念对服务产品、服务配套、设施设备等进行创新，在采购、运营、日常办公过程中均贯彻可持续发展理念。通过绿色物流运输、仓储、包装环节降低企业的运营经营成本，同时减少垃圾、碳排放对环境的污染，有益于保护环境。可以展示自己的环保形象，吸引消费者的注意力，提高竞争力。"青城计划"的发布更是将企业环保形象深刻。经过多年实践，苏宁物流在绿色供应链方面被国家、省市区政府部门和协会认可。荣获国家发改委颁发的"国家智能化仓储示范物流基地"，中国物流和采购联合会颁发的"科技进步一等奖""绿色物流创新引领企业""物流行业先进集体""邮政行业先进集体""省级重点物流基地"等四十余项创新荣誉。未来苏宁物流将会把"青城计划"升级，增加试点城市，深入落实可持续发展理念，同时发展屋顶光伏、储电等新能源模式，降成本、增效益。

第十一节　浙江吉利远程新能源商用车集团有限公司

远程新能源商用车集团成立于 2014 年，是吉利控股集团的全资子公司。作为中国首个聚焦新能源领域的商用车集团，远程新能源商用车集团形成了"以研发为先导，聚焦绿色智能"为核心的新一代商用车产品与业务发展方向。2016 年推出国内首个专注于新能源领域的商用车品牌"远程"，2020 年完成对汉马科技的前身华菱星马的投资控股，2021 年正式宣布收购唐骏欧铃公司，并先后打造了绿色慧联、万物友好 & 阳光铭岛、醇氢生态科技三个市场生态平台，致力于推动商用车产业变革。

一、创造智慧互联引领绿色商用

远程作为中国首个聚焦新能源的商用车整车企业，一直将减少碳排放作为公司可持续发展战略的核心议题。在"创造智慧互联，引领绿色商用"的愿景下，我们已宣布中长期内总体碳排放战略目标，即 2025 年实现远程品牌运营碳中和，2030 年实现远程品牌全生命周期碳中和。未来，我们将凭借"绿色甲醇""绿色电力"两大支柱以及加快推进产业绿色能源发展，加深全生命周期碳排放管理，推动自身率先实现碳中和，并长期持续加强供应链伙伴合作，共同推动商用车行业绿色转型。

二、绿色管理

企业积极开展节能、减碳及绿色供应链相关工作。在节能工作端，通过总部组织的活动，如"淘金行动"进行节能提效；市场调节，错峰用能；能源管理系统（涂装）；光伏（规划中）。在减碳工作中，完善的碳管理体系；全价值链的减碳规划；切实可行的减碳路径跟踪。

1. 碳业务组织架构

远程成立了碳业务管理液态小组，采用"1＋1＋N"管理模式，积极布局碳体系、碳核算、碳规划、碳资产业务，推动企业绿色可持续发展转型。

2. 远程建立了碳管理制度以及碳管理远程体系

为了持续改进碳绩效，引入 PDCA 的方法论，建立碳管理体系模型，编制了碳管理体系手册和碳管理体系程序文件，规定了各部门碳管理职责和任务，设定了碳管理绩效目标指标，并实施减碳落地项目。目前，整车企业面临着国际碳关税压力和全生命周期碳减排压力，但针对汽车行业的专业碳核算标准和方法学欠缺，导致汽车企业和零部件企业无法摸清碳家底，针对这一问题，远程组织行业专家和知名机构（中汽数据中心）共同研发，编制了两项专业碳核算技术规范和三项全生命周期碳核算方法学。

三、绿色产品降碳

远程不断拓宽产品线，为商用车市场提供更多的新能源产品。2022 年 3 月，远程汽车上市了纯电厢式物流车"远程星享 V"，在二氧化碳排放方面，远程星享 V 与同一平台上制造的燃油车相比，每年减少碳排放量 6.9 吨以上。

四、绿色设计降碳

1. 轻量化设计

我们持续开展先进轻量化技术研发应用，从材料、结构、工艺三方面实施产品轻量化，有效降低产品能耗。以我公司 4.5T 纯电轻卡为例，每减重 100kg，百公里可节省 0.25 度电，全生命周期 40 万公里可节省 1000 度电，减少碳排放 635kg。

2. 循环材料应用

我们不断探索可持续材料在汽车外观、内饰以及零部件上的应用，与不同材料的主流供应商探讨低碳材料的技术路线，包括：再生钢、再生塑料等循环材料，生物基材料，低碳铝等清洁制材料，天然纤维材料等可持续材料。远程 G3 重卡的前后顶杂物箱隔板计划使用生物基塑料，再生材料使用比例超过 10%。远程超级 VAN 目前已经启动再生材料的验证搭载开发，再生材料使用比例均超过 5%。

五、绿色制造降碳

我们本着节能减排，降本增效的原则，针对制造过程展开了卓有成效的各类项目，实现制造过程降碳。例如：淋雨线工序节能措施。通过对标国内外主机厂，规范了淋雨实验参数的表述，根据淋雨房的喷淋面积、淋雨强度，优化了喷淋总量，从而在喷淋环节降低了因喷淋量过大导致的水雾逸散；并优化了水泵运行程序，在车辆实验间隙停止工作，减少了电能损耗。能源管理平台：涂装作为能源使用大户，高效的能源管控是降低能源消耗的前提。"涂装能源管理系统项目"软件采用模块化设计，实现涂装厂全面数据监测、能耗管理分析、能源安全、能源数据分析及数据上传等核心服务，以可视化的数据和全面动态监控能耗，极大提升了涂装能源管理水平。

六、绿色供应链

1. 绿色供应商管理体系

我们建立了绿色供应商管理制度，针对绿色制造、碳足迹计算等对供应商培训，通过低碳调研表收集供应商的生产制造相关碳数据、制定减碳措施。

2. 绿色供应商管理制度

完成《绿色采购指南》《绿色采购管理制度》《新供方准入评审管理办法》《供应商业绩评价管理办法》《供应商达产审核管理规定》《供应商调查表》6 项制度新建或更新。相关文件制度中增加供应商的供应链管理战略规划、绿色供应链管理的要求，如 ISO 14001、ISO 50001、ISO 45001 认证通过率，绿色制造认证、绿色供应链管理认证、安全环保管控、节能减排减碳规划、生产的产品可回收利用率提升、包装材料回收比率提升等。目前我司合作零部件供应商日常管理过程中已按上述文件执行。

3. 绿色循环包装

新开发车型提升供应商循环包装使用比率，通过包装方案的优化，不断提升循环包装比率，2023 年上半年新开发车型的循环包装比率已达到 72.06%（全年计划目标 63%）。

4. 对战略供应商提出减碳目标

2025 年绿电使用比率达到 50% 的要求；对核心电池供应商提出：2025 年减碳 10% 的要求；目前已按此要求进行任务分解，核心电池供应商内部已开展碳足迹计算。如亿伟锂能绿电使用比率：2023 年达到 20%，2024 年达到 50%，2025 年达到 100%。

5. ERP 第一批试点单位

通过顶层回收制度建设：已发布吉利商用车集团级《报废车辆回收体系管理办法》《废旧动力电池回收体系管理办法》制度，文件对报废车辆及废旧动力电池回收体系管理归口、管理模式进行了规定；同步子公司完成二级 EPR 体系转换及宣贯。建立报废车辆回收体系：在 EPR 平台完成 3 家 10 个回收网点公示，另外 2 家准备材料待上传，可实现线上、线下相结合的回收模式。动力电池回收体系：动力电池溯源系统中上传 429 个回收网点；3 家联合单位共 292 个回收网点，可覆盖全国。其他再制造规划：集团在吉利四川投资建设完成再制造中心，进行零部件再制造及整车低碳修复业务，2022 年已投产。发挥远程技术优势，完成了绿色信息平台建设，在企业官网、EPR 服务平台、远程 APP、企业公众号等为媒介，进行绿色信息发布。

6. 绿色回收，绿色再制造

公司目前已经建立零部件再制造中心，目前已具备 20000 套零部件再制造及 1000 台整车低碳修复能力。公司对回收后的废旧零部件进行专业修复，使其质量特性和安全性能基本达到新品要求。与原型新品相比，再制造零部件平均可以节能 60%，节材 70%，并减少 80% 以上的碳排放，具备良好的经济、环境和社会效益。

7. 整车低碳修复

公司通过高新技术和传统整车制造工艺的结合，对旧车进行系统的检测评估，排除故障和隐患，并以此为基础设施高价值维修保值、主动预防性维护和全面质量改善，延长整车生命周期，降低故障率。整车低碳修复的核心是性能恢复，此外根据客户需要还可以进行外观提升，使车辆从"内在"到"外在"都达到准新车的标准。整车修复车辆可减少至少 20% 的碳排放量。我们通过企业官网公示公告及中汽 EPR 服务平台定期公开汽车维修指导手册、报废汽车拆解手册、汽车产品退役流程及标准、有害物质符合性、车内空气质量、报废汽车及其关键零部件回收服务网点、资源综合利用、再制造等信息。

2023 年 7 月，远程发布了中国新能源商用车行业首份绿色可持续发展报告——《远程绿色可持续发展报告》，同时报告中披露了远程中长期总体碳排放战略目标。践行低碳发展理念，打造绿色、智能的新一代商用车产品，实施全生命周期降碳，以达成碳减排绿色发展目标并联合伙伴助力产业链绿色转型，是远程新能源商用车诞生之日就融入基因的公司使命。未来，远程将凭借"绿色醇氢""绿色纯电"两大支柱以及加快推进产业绿色能源发展，加深全生命周期碳排放管理，推动自身率先实现碳中和，并长期持续加强供应链伙伴合作，共同推动商用车行业绿色转型。"绿色醇氢"和"绿色电力"的绿色技术路线支撑 2025 碳中和的这个商用车行业领先目标，用动力技术引领行业技术发展。